DESTRUCTION

DE LA

Misère des Travailleurs

par la création

D'UNE PENSION DE RETRAITE LIBRE, D'UNE CAISSE DE SECOURS, ET PAR L'ENTRÉE DE L'HÔTEL DES INVALIDES, OFFERTE AUX INVALIDES DU TRAVAIL, CONCURREMMENT AVEC CEUX DE L'ARMÉE.

ÉLÉVATION PROGRESSIVE

DE LEUR MORALITÉ

PAR L'ISOLEMENT DÉFINITIF DU CONTACT DES VICES ET DES CRIMES MÊLÉS ET CONFONDUS AVEC EUX.

Par A. Lafosse.

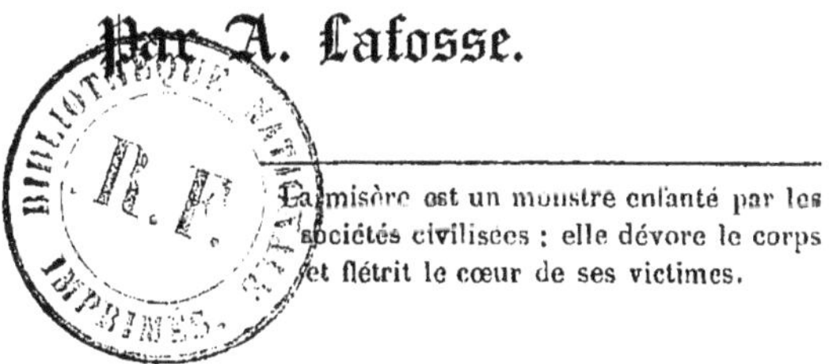

La misère est un monstre enfanté par les sociétés civilisées : elle dévore le corps et flétrit le cœur de ses victimes.

Ce Projet, appliqué comme je l'indique, donnerait à la société pour résultat :

    1° La tranquillité à la France;
    2° La sécurité aux riches;
    3° Une part de bien-être aux travailleurs.

1848.

IMPRIMERIE DE MONCHENY, A VAUGIRARD.

AVERTISSEMENT.

A mes Lecteurs.

Ce petit écrit est un grand acte de dévoûment de ma part; loin qu'il soit une spéculation, il est pour moi très-onéreux.

Je fus poussé invinciblement par une profonde conviction à formuler ma pensée du bien que je pouvais faire à la société, principalement aux classes de travailleurs pauvres, et surtout aux vieillards.

Comme cet écrit est le premier essai littéraire que je publie, il est indubitablement rempli de défauts; si ma faiblesse trahissait ma bonne volonté, je réclame d'avance toute l'indulgence de mes lecteurs, comme récompense et salaire, pour ma bonne intention de vouloir apporter un soulagement à tant de douleurs physiques et morales pour lesquelles mon cœur saigne. Juste et humain, j'aime le pauvre.

Je n'ai pas la prétention de me présenter à mes concitoyens comme homme politique, ni comme un socialiste qui voudrait qu'on appliquât le plus vite possible à la société sa doctrine d'un bonheur radical, par une forme toute nouvelle, substituée à une forme ancienne. Je ne demande pas non plus l'équilibre parfait; je ne toucherai pas à cette question, je la trouve beaucoup

trop irritante. Je ne me permettrai même pas de fixer la différence entre les deux plateaux de la balance sociale, celle qu'il
faudrait pour le bonheur futur de l'humanité.

Je viens, le plus humblement possible, mettre mon dévouement au service de mes semblables, en écrivant ce que j'éprouve
de chagrins réels pour les souffrances matérielles et morales de
la majorité de la population, et en tâchant d'y apporter un re—
mède efficace. Je voudrais alléger les classes de travailleurs du
poids de la misère sous laquelle beaucoup s'affaissent, en les
faisant contribuer eux-mêmes à leur bonheur; et en chargeant
les classes heureuses d'un faible poids, qui viendrait contribuer,
dans des proportions équitables à soulager l'affreuse misère de
ces pauvres frères. Je me présente seulement en homme humain,
en apportant ma pierre à l'édifice du bonheur futur de l'humanité.

Quand la plus grande partie de la population, celle qui supporte la misère maintenant, sera pénétrée de son droit, et que
l'autre partie connaîtra ce qu'elle doit à la première, sans pour
cela vouloir s'acquitter envers elle, alors il se fera de grands chan-
gements sociaux dans le monde. Dieu veuille alors que le sang
ne coule pas! il ne sera plus possible, à partir de ce temps, que
les hommes d'état ne soient que politiques; cette qualité seule
ne sera pas suffisante pour régner sur un peuple éclairé sur ses
droits; il faudra qu'ils soient surtout humains et religieux, en
suivant la voie que la divinité nous a tracée dans la création; et
aussi pénétrés de la nécessité de faire le bonheur du peuple que
d'augmenter la gloire du pays.

LAFOSSE.

INTRODUCTION

ET EXPOSÉ

*Des droits et des devoirs entre les classes de la société, et coup-
d'œil sur les vices des anciennes maisons de retraite offertes
par l'État aux travailleurs invalides des deux sexes.*

SOLIDARITÉ ENTRE LES CLASSES DE LA SOCIÉTÉ.

Je déclare, dans ma profonde conviction, que la société, basée
comme elle l'est actuellement, doit aux travailleurs, à partir de
leur naissance jusqu'à seize ans, le droit de vie et l'éducation à
tous les degrés ; que les travailleurs doivent ensuite à la société, à
partir de seize ans jusqu'à soixante ans, une partie du bénéfice de
leur travail, et que la société doit à son tour, aux travailleurs, à
partir de soixante ans jusqu'à leur mort, une retraite libre, qui
serait une indemnité en rente, qu'elle leur assurerait jusqu'à leur
mort, pour le capital qu'ils lui ont apporté pour son bénéfice,
pendant quarante-cinq ans d'un rude labeur.

Après les droits et les devoirs, après la carrière active du travailleur, doit venir la retraite libre, comme complément absolu
de sa vie, car les droits et les devoirs, ainsi que quarante ans d'un
travail soutenu, ne seraient rien pour lui sans la retraite libre.
Une retraite libre est le bonheur auquel le travailleur a toujours
aspiré, et qu'il n'a jamais atteint ; il a toujours eu dans les riches,
des maîtres égoïstes et cruels, et non des frères généreux comme
Dieu l'a voulu et comme le Christ l'a révélé ; ordre d'une part,

révélation d'une autre, toujours ont été méconnus. C'est là la cause évidente et naturelle de la haine invétérée du pauvre pour le riche, perpétuée de génération en génération.

Après six mille ans d'esclavage d'une partie de l'humanité au bénéfice de l'autre, qui ne se sentait heureuse qu'en raison de la souffrance et de l'abjection dans lesquelles ces heureux tenaient abaissés sous le poids de leur despotisme, leurs frères, qu'ils déshéritaient de leur part de ce bonheur que le Créateur a départi à tous les hommes sans distinction de force ni de race. Voici enfin luire le jour où la destinée de l'homme, destinée à laquelle Dieu doit l'appeler un jour, est pressentie par tous en attendant l'entier accomplissement des décrets immuables du Créateur en faveur de la créature ; le jour, où les malheureux se trouvent dans des conditions politiques et sociales de rappeler aux heureux qu'ils ne peuvent être gorgés de richesses matérielles et intellectuelles , qu'à la condition que leurs frères malheureux en auront une part proportionnelle.

Le jour aussi où les riches doivent, dans des proportions équitables, relever à leur niveau d'une main fraternelle, leurs frères malheureux, abaissés, et couverts de l'ignominieuse fange de l'ignorance et de l'immoralité, causées par la privation d'une part proportionnelle de bien qui leur appartient, et dont ils ont été spoliés par le despotisme de la force brutale, et par l'imposture de dogmes faux, prêchés par de faux révélateurs. Il faut que tous concourent à l'œuvre, que chacun apporte sa pierre à l'édifice du bonheur futur de l'humanité, et que l'on comprenne bien que le travailleur, en naissant, doit être assuré :

1° Du droit de vivre ;

2° Du droit au travail ;

3° D'une retraite libre ;

Le droit de vivre, c'est qu'à partir de la naissance jusqu'à seize ans, la société assurera au travailleur les moyens de développer ses facultés, par des soins larges d'éducation gratuite à tous les degrés, afin qu'à son tour il apporte à la société son intelligence et ses bras, qui sont les capitaux les plus enviables et les plus grands, ceux qu'aucune spéculation humaine ne peut ravir, et que cette société l'aidera pendant l'espace de seize ans à amasser.

Le droit au travail assuré par la société, c'est le devoir sacré qui lui est imposé de procurer sans interruption du travail à tous les travailleurs, à partir de l'âge où ils entrent en fonctions, afin de leur donner le moyen de rendre à la société elle-même ce qu'elle a fait pour eux. C'est amener l'homme qui ne possède rien en naissant, dans la voie de trouver le capital qu'il apportera à la société.

C'est la mine que la société sonde et découvre par la science, en ouvrant pour le travailleur comme une tranchée. Le plaçant après dans la voie, elle lui dit, en lui remettant les instruments nécessaires à l'extraction du minerai : Va, frère, fais ton devoir envers moi comme j'ai fait le mien envers toi ; voici le filon à suivre, travaille, et tu auras dans les bénéfices une part proportionnelle.

La retraite libre, c'est le droit du repos pour le travailleur pour les deux quarts actifs du milieu de sa carrière, qu'il a employés à produire en faveur de tous. La vie du travailleur est composée de quatre quarts, dont le premier est la partie de sa vie la plus intéressante et la plus grave.

L'intérêt et la gravité sont : l'un dans les soins intelligents de la famille, et l'autre dans le choix de la méthode qu'emploiera le gouvernement, car plus les soins seront grands, plus grands seront ses capitaux, capital de l'intelligence, capital des bras. Eh bien! jusqu'à présent il n'y a eu que les trois quarts de sa carrière d'employés, et fort mal, encore, ce sont les trois premiers, mais le quatrième et dernier qu'est-il! je le demande ? C'est Bi—

cètre, la Salpétrière, les dépôts de mendicité et les prisons, punition souvent du crime de la faim. C'est le malheureux qui supporte le châtiment, et c'est la société qui fait le crime! Eh bien! cet état de choses ne peut durer, il faut que la vie du travailleur, depuis sa naissance jusqu'à sa mort, soit complète; ce dernier quart dont j'ai parlé est la clef de voûte qui lui manque pour compléter l'édifice de sa vie, car sans cette clef, cet édifice s'écroulera toujours et la société avec.

Je voudrais une pension de retraite libre pour le travailleur âgé de soixante ans, et non une retraite pareille à celle où il est méprisé comme un esclave inutile à son maître, ou comme un instrument usé dont la matière n'a aucune valeur intrinsèque, et où on le laisse mourir de toutes les misères qui composent le cortége de la vie du pauvre.

Changez tout-à-fait l'ancienne forme de retraite pour le travailleur, et ne faites pas un replâtrage pour cacher une forme vicieuse, parce que cacher n'est pas détruire; le défaut de la forme cachée tendra toujours à reparaître.

Bicêtre, par exemple, voilà une maison de retraite qui ressemble plutôt à une maison de punition sociale qu'au tribut de reconnaissance offert par une société civilisée à une classe d'hommes usés par la misère et le travail pour son profit. Voilà ce qu'elle offre, cette société civilisée, c'est Bicêtre; c'est là qu'à contre cœur l'ouvrier va traîner en langueur sa misérable fin dans le dégoût, fruit d'amères déceptions.

Sa vie active, pendant quarante ans de travail, avait pour lui infiniment plus de charmes, quoique cette vie fût pleine de toutes les misères, n'ayant de bon que deux choses : son établi pour faire vivre sa famille, et son grabat pour reposer ses membres fatigués, et souvent encore ce maigre bonheur lui manque.

Voilà pour l'ouvrier moral. Pour l'ouvrier immoral, le cabaret et les cartes, et pour reposer le reste de la nuit, son corps épuisé par les excès grossiers de la veille, n'a que le compartiment rempli de paille qu'il va chercher, en trébuchant, dans l'un de ces bouges qui déshonorent l'humanité et qui fourmillent dans la première ville du monde civilisé. Voilà la plupart de leurs jours, voilà leur vie. Tous deux, l'homme moral et l'homme immoral, tous deux malheureux ne sont point coupables, mais plutôt la société. Eh bien! le vieillard, travailleur usé, pensionnaire de Bicêtre, regrette, dans ce séjour odieux, sa vie passée. Quelle qu'elle fût, il avait sa liberté, il avait sa poésie, au lieu que dans ces prisons d'état souffrance uniforme, régulière comme le mouvement du balancier, il est couvert de mépris et vêtu d'un costume, vraie livrée de misère et d'esclavage. Il attend là avec résignation que la mort vienne le frapper, comme étant le seul bien qu'aucune société ne peut lui ravir, et se dit à son dernier soupir : que c'est dans la mort seulement qu'est la vraie liberté, l'égalité et la fraternité.

Si vous êtes las de tant de misères assumées sur la plus grande partie de vos frères, et que vous vouliez résolûment la transformation physique et morale du travailleur, complétez sa vie, liez au premier quart le dernier de sa carrière, dont la société ne tire plus parti; renouez la fin au commencement, et vous aurez un tout complet. Le travailleur alors vous appartiendra par la sympathie, comme vous lui appartiendrez à la même condition; vous serez liés solidairement. Le riche n'aura plus de dégoût pour le pauvre, et le pauvre n'aura plus de haine pour le riche. Plus de révolutions sociales ni politiques, faites avec des ruisseaux de sang. Eh bien! s'il en était autrement, que le travailleur ne fût pas assuré depuis sa naissance jusqu'à sa mort d'un enchaînement successif de droits, de devoirs et de bonheur proportionnels qui complète sa vie, malheur au monde! Alors le riche vivrait toujours dans la crainte et le crime social, et le pauvre dans la haine et l'immoralité. Qu'ils le sachent donc bien, les riches, leurs craintes et leur crime de lèze-humanité ne cesseront jamais de les poursuivre. Qu'ils le sachent aussi : le pauvre qui retourne aux mains de son créateur n'ensevelit pas sa haine avec lui dans la tombe, il la laisse sur terre. Comme un fluide soumis à la loi d'attraction, elle retourne au cœur de sa postérité malheureuse. La haine du pauvre qui meurt est l'héritage sacré que ses enfants recueillent; ils ne font qu'en déverser le trop plein sur la société, laquelle, égoïste et aveugle, attise toujours le feu au cœur du pauvre, cœur trop plein, tellement comprimé par une force impuissante et inhabile, qu'il fait explosion comme la foudre et tue sur son passage hommes et civilisation.

DESTRUCTION DE LA MISÈRE
DES TRAVAILLEURS.

CHAPITRE PREMIER.

Rendre la dignité et la moralité aux Travailleurs des classes pauvres.

L'assassinat tragique du brave et honnête général Bréa, arrivé dans l'un des plus grands drames politiques et sociaux de l'histoire, victime de la rage féroce de quelques cannibales qui se mêlent toujours dans les révolutions aux travailleurs honnêtes mais égarés, cette fin déplorable de l'un des hommes les plus honnêtes et des meilleurs soldats, m'a fait faire des réflexions tristes et amères. J'ai cherché la cause de tous ces désordres sanguinaires qui se commettent dans ces grandes perturbations politiques et sociales. La tâche n'était nullement difficile. Après avoir trouvé la cause de tant de maux, je dus en chercher le remède et je le trouvai bientôt également; je vis que ce ne serait point assez que de compléter matériellement la vie du travailleur, qu'il fallait, en lui donnant la nourriture du corps, lui donner celle de l'âme, laquelle doit toujours suivre l'autre inséparablement; il faudrait :

1° rendre la dignité aux travailleurs pauvres et la moralité à la fois, l'une serait la conséquence de l'autre ; il faudrait les relever dans l'esprit des classes plus policées qui les confondent, principalement dans les émeutes et les révolutions, avec les scélérats mêlés avec eux. Il faudrait écumer Paris de 20 à 25,000 malfaiteurs passés en Cour d'assises, car Paris est un creuset où un million de différentes matières, passionnées et nuancées à l'infini, sont mêlées et en ébullition continuelle, jetant du fond à la surface toute leur écume, vrai poison social. Il faut donc que la société prenne sur elle de séparer ces matières de leur alliage impur, qui n'est autre que l'écume hideuse composée de tous les vices.

Ainsi, ce moyen débarrasserait les travailleurs d'auxiliaires déshonorants pour eux et dangereux pour la société. Chaque révolution en fournit de nombreux exemples ; ces misérables sont toujours des hommes d'action, et quelles actions, bon Dieu !!! commettant tous les crimes côte à côte avec l'honnête homme exaspéré, dont la misère et les amères déceptions pourraient excuser la rage aveugle. Il semblerait que ces scélérats, en commettant le meurtre, l'incendie, le vol et le viol avec des raffinements horribles, veulent rendre à jamais irréconciliables les classes pauvres avec les classes riches, en se donnant des éléments de désordre dans lesquels ils peuvent assouvir leur soif d'orgie sanguinaire. Isolez les pauvres travailleurs de ces hommes qui sont trop souvent en contact avec eux. Ces misérables sont habiles à déguiser leurs tendances criminelles aux yeux des honnêtes gens ; ces derniers étant malheureux, sympathisent avec tous ceux dont l'extérieur et le langage leur ressemblent, mais dont le cœur est différent. Comment les travailleurs honnêtes, pauvres et ignorants ne s'y tromperaient-ils pas, puisque les gens du monde se trompent eux-mêmes ? D'ailleurs, il est affligeant de voir que l'on s'applique à stigmatiser du signe de l'infamie de pauvres classes d'hommes sans éducation et sans bien, lesquels n'ont cependant que la pauvreté pour crime. La société peut alors effacer ce signe de boue qu'elle a imprimé sur leur front. De là vient le mépris , le dégoût insurmontable et la crainte continuelle de cette partie policée et riche, pour la partie brute et pauvre. Que cette partie policée le sache ! il y a continuellement dans Paris 25,000 criminels à tous les degrés, mêlés avec les classes pauvres. Séparez l'ivraie du bon grain, et rendez aux travailleurs la dignité qui leur a manqué jusqu'à ce jour ; ces apôtres du crime sont de forts mauvais conseillers pour ceux que la misère incessante frappe jusqu'au cœur ; c'est pour cette raison qu'ils auraient le plus grand besoin de soutien. Ainsi ne les abandonnons pas à eux-mêmes, soutenons les vertus chancelantes, récompensons les vertus persévérantes, et que la société appelle à elle les intelligences supérieures qui, se trouvant souvent dans la plus affreuse misère, cherchent toute leur vie, mais en vain, à en sortir pour s'élever vers le but de leurs aspirations sans tenir compte souvent des moyens. Quand ils ne peuvent se débarrasser de cette horrible étreinte, et qu'ils ne blessent pas la société en cherchant à en sortir, ils sont écrasés sous son poids.

Il faudrait donc écumer Paris de tout ce qu'il y a de criminels, à différents degrés, passés en Cour d'assises ; voici ce que je proposerais à cet égard. Tout individu ayant commis un crime dont la gravité est de nature à être jugée en Cour d'assises, serait déporté dans une colonie française, soumis à une discipline et à une administration toute spéciale, et ne pourrait jamais rentrer en France. Il y aurait des exceptions, cependant ; ces exceptions seraient suivant la nature des crimes, ce qui les aurait provoqués et comment ils auraient été commis ; suivant les causes atténuantes, et d'après l'étude minutieuse de la vie antérieure du coupable et sa conduite pendant sa punition. Cette punition, de ne pouvoir rentrer en France, serait pour ceux d'un caractère faible qui, ayant par leurs mauvaises mœurs, des tendances à commettre le crime, seront prudents et retenus par le châtiment.

Je voudrais autant pour le criminel que pour la société et l'État, qu'ils fussent déportés et qu'ils ne rentrassent jamais en France, tout le monde y gagnerait. Je désirerais que la punition du crime rapportât un grand bénéfice à toute la société; bénéfice matériel d'un côté, et bénéfice moral de l'autre.

Le meilleur système pénitencier serait principalement le travail en plein air, les champs pour atelier abrités sous le ciel, la nuit la cellule; point de communication durant le repos entre eux. Cependant la punition qu'ils subiraient ne serait pas pour eux-mêmes entièrement ingrate; je leur donnerais par année, sur le bénéfice net de leur travail, un dixième qu'on porterait à leur masse, afin qu'ils eussent un petit capital en sortant de cette première épreuve, laquelle serait le temps de leur condamnation. Si cet homme n'a point de famille, ou bien si sa famille est aisée, ce dixième lui serait acquis intégralement; dans le cas contraire, si cet homme a une famille et qu'elle soit malheureuse, alors une moitié de ce dixième serait pour cette famille doublement malheureuse. Il y a là quelque chose de sympathique et d'attendrissant entre le criminel et sa famille; d'un côté soulagement moral, de l'autre le pardon. Ce coupable envers sa famille, la société et lui-même, donnerait à sa femme et à ses enfants quelques fruits amers de sa punition, en dédommagement des chagrins que son crime leur cause; et cette pauvre famille ferait sortir pour lui le pardon de leurs cœurs à moitié noyés dans les larmes brûlantes qu'un souvenir affreux leur fait répandre, et dont elle arrose le pain de l'expiation qu'il leur envoie trempé de ses sueurs.

Je ne développerai pas ici ce projet de punition sociale, je me réserve, après ce petit ouvrage, d'en faire le sujet d'un système pénitencier nouveau; je le développerai le plus complètement qu'il me sera possible de faire. Je tiendrais de tout mon cœur à trouver le moyen 1° de rendre la dignité aux classes pauvres, en les isolant à tout jamais de conseillers dangereux ; 2° de débarrasser la société d'hôtes fort incommodes ; 3° de verser dans les caisses de l'État une somme annuelle par le travail, laquelle ne serait pas sans importance ; 4° de faire du bien moral et matériel à ces hommes, ce qui ferait entrer dans leur cœur le remords, qui amènerait infailliblement la moralité, et même la vertu, dans l'espoir d'un avenir meilleur. Après avoir commis une faute et en avoir subi toutes les conséquences, ils pourraient revoir des jours plus heureux. Aujourd'hui, une faute commise est, pour ces hommes, une raison d'en commettre d'autres, et de plus graves, qui les rendent à jamais irréconciliables avec la société et leur conscience. La plupart, par dégoût de la vie, font tout ce qu'ils peuvent en s'étourdissant pour en commettre une dont l'énormité est un crime, et dont la punition est pour eux la vie tranchée ignominieusement ; c'est là que tous veulent finir. Alors la toile du grand théâtre de la vie humaine s'abaisse sur eux à tout jamais, et l'affreux rôle qu'ils y ont joué est fini.

Ces hommes cependant auraient pu être pardonnés, et ce pardon eût été pour eux un motif d'encouragement à prendre une résolution inébranlable de revenir à de meilleurs sentiments. Croyons-le bien, il y a dans la plus grande partie de ces criminels des natures d'élite dont la société, si elle savait en tirer parti, ferait des hommes utiles à leur pays et à elle-même.

CHAPITRE II.

De l'Hôtel des Invalides.

Comme je l'ai dit, avec la somme, produit de tous les impôts et cotisations, on pourra, en sus des pensions de retraite et des caisses de secours, construire et améliorer des monuments de retraite pour recevoir ceux des militaires et des travailleurs qui préféreraient, au lieu de recevoir la pension de retraite libre, entrer à l'Hôtel des Invalides ; le nombre de ceux-là ne sera pas considérable, voici pourquoi : la retraite libre pour les invalides, c'est-à-dire la liberté d'aller vivre partout où ils voudront, assurera à ceux qui aimeraient mieux l'Hôtel, un grand nombre de places vacantes. Ainsi l'invalide militaire ou du travail, né dans le village ou à la ville, pourra s'il le veut, retourner vivre avec une pension de 500 francs au lieu de sa naissance, et le nombre de ceux-ci sera considérable.

Le berger, le laboureur, tous les ouvriers agriculteurs ne voudraient jamais entrer dans une maison de retraite ; y fussent-ils très-bien, ils y mourraient de la nostalgie faute de pouvoir respirer l'air natal. Le militaire, tout le temps qu'il est au service, a l'idée bien arrêtée d'aller vivre dans une ville ou village d'un département, dont il a fait choix dix ans avant sa retraite, fût-il parisien. Les travailleurs sont de même pendant la carrière active ; ils ne rêvent qu'une pension de retraite de 500 francs pour vivre, disent-ils, comme un prince, dans un département où la volaille est à bon marché, le vin excellent et pas cher. La naïveté de ces pauvres gens devrait toucher le cœur de ceux des hommes du pouvoir qui peuvent leur donner ce faible bonheur, qui leur coûterait si peu.

Nous avons indiqué quelques-unes des causes qui donneraient

beaucoup de places vacantes dans l'Hôtel des Invalides militaires et civils, aux travailleurs ou militaires retraités, sans qu'il soit besoin pour cela d'ajouter beaucoup de constructions nouvelles, ne séparant pas l'idée d'économie de celle du bien à faire; comme je l'ai dit, tous les invalides préféreront, avec leur petite pension de 500 francs, vivre dans nos belles provinces du midi ou de l'ouest, plutôt que de vivre enfermé dans un hôtel de grande ville, à moins qu'ils n'eussent des infirmités ou autres causes qui les y contraignissent.

Un mot sur l'organisation et l'ordre distributif de l'intérieur de l'Hôtel.

D'abord je ne comprends pas le privilége de l'Hôtel doré en faveur des militaires, quand les travailleurs invalides ont un égoût infect, comme la Salpétrière pour les femmes, et Bicêtre pour les hommes. Je dis que les travailleurs et les militaires, étant invalides, sont tous égaux dans le repos.

J'ai dit que l'on construirait tous les bâtiments nécessaires à ajouter à ceux existants, mais insuffisants pour le nombre d'invalides à y loger.

D'abord l'hôtel portera, pour titre d'égalité entre ces deux classes, Hôtel des Invalides du travail, d'un côté, et de l'autre, Hôtel des Invalides militaires ; pas d'injustice envers les uns, ni de privilége pour les autres; point de jalousie, que les militaires ne se croient pas plus que les travailleurs, et que les travailleurs, à leur tour, ne se croient pas victimes.

Ces constructions devront être faites dans des proportions convenables à l'intérieur, pour les raisons hygiéniques et la commodité des invalides. Chaque pièce ou chambre sera bien aérée, surtout très-haute de plafond, avec une grande croisée et une fausse cheminée.

Les bâtiments n'auront pas plus de deux étages, ce qui fera

trois lignes de couloirs larges, superposés les uns sur les autres, du rez-de-chaussée au deuxième étage, en raison des infirmités des invalides.

Les invalides du travail et les invalides militaires, quoique logeant dans le même hôtel, seront néanmoins partagés en deux catégories.

Les invalides militaires faisant face à la Seine, et à gauche de l'hôtel, du côté de l'École-Militaire, et les invalides civils faisant face à la Seine à droite de l'hôtel, du côté de Paris.

Ces deux catégories de bâtiments ne communiqueront pas entre elles, dans leur intérieur, depuis le rez-de-chaussée jusqu'au deuxième. Les communications entre ces bâtiments, pour le service général, soit de table ou autre, ne seront pratiquées que par les cours intérieures, dont les portes seront pour cela toujours ouvertes, et ainsi que pour tous les invalides des deux catégories, pour les relations qu'ils établiraient entre eux, pour faciliter les visites qu'ils se feraient, lesquelles ne pourront être que sympathiques. Ils seront, par cette organisation, égaux, et chacun chez soi ; il ne pourra y avoir aucune rixe entre eux, ni par jalousie, ni par la rivalité. Toujours de la fraternité et de l'égalité en harmonie avec les besoins de l'époque, sans rien brusquer.

Ce moyen que j'indique de l'entrée de l'hôtel offerte aux deux catégories d'invalides, est d'une exécution facile et immédiate. Je suis profondément convaincu que ce plan, présenté sous son vrai côté, sans rien altérer de l'image qu'il présente, serait on ne peut plus agréable à l'imagination intelligente des hommes pour lesquels il est tracé.

Revenons un peu sur la distribution intérieure de l'hôtel. Une seule cuisine, un calorifère dans chaque corps de bâtiment, communiquant la chaleur dans chaque couloir ; une salle de bains partagée en autant de compartiments, contenant chacun une baignoire, lorsqu'on le jugera nécessaire. Les portes d'entrée de chaque corps de bâtiments seront doubles.

Pour les femmes invalides du travail.

L'on construira aussi un hôtel pour la femme invalide. Ce monument sera construit avec la plus grande économie quant à la physionomie architecturale extérieure ; tout pour l'intérieur. L'on n'épargnera rien qui puisse assurer un confortable sans luxe, mais convenable et approprié à l'exigence de la nature physique ou morale de la femme. Des soins leur seront donnés avec intelligence et cœur.

Toutes les femmes invalides du travail qui voudraient entrer aux invalides pour cause de vieillesse, d'infirmités ou d'isolement, avant ou après qu'elles auraient passé plusieurs années libres avec la pension de retraite, pourraient, en abandonnant leur pension, entrer à l'hôtel, et venir apporter là, sans crainte d'un refus, tout le cortége de maux physiques et moraux qui accompagne inséparablement la vieillesse avancée.

Sur l'égalité de la retraite libre des invalides militaires et civils.

Je veux voir tous les invalides, soit de la guerre, soit du travail, heureux également par une pension égale pour leur retraite libre, comme étant à mes yeux tous sur le même échelon de la hiérarchie sociale. Je vois tous ces hommes égaux dans le repos, quoiqu'ils fussent autrefois, dans leur vie active, dans une position différente ; du moment où ils entrent dans le repos, ils n'ont plus d'autre état que celui d'invalide. Ainsi, je mêle l'une dans l'autre, toutes ces classes, qui ont mérité également à mes yeux la reconnaissance du pays ; qu'elles fussent militaires ou travailleuses, commerçantes ou ouvrières, autrefois aisées ou pauvres, mon cœur les voit toutes de la même manière, arrivées, sans aucune ressource, à la fin d'une carrière active, dans l'âge du repos. C'est pourquoi je tiens à ce que l'Hôtel des Invalides militaires, soit aussi l'Hôtel des Invalides du travail. Cet hôtel pour les invalides militaires seulement, est encore un privilége injuste, d'une époque de despotisme, et conservé jusqu'à nous comme un témoignage qui subsiste encore après trois révolutions, et qui vient nous dire, d'une manière irrécusable, que nous avons beaucoup à faire pour effacer toutes les taches despotiques qui obscurcissent les idées reconquises par trois révolutions baignées dans le sang du peuple. C'est un privilége accordé par un ancien maître tout-puissant, qui distribuait ses dons aux soutiens de son despotisme, en écrasant dans la fange les classes de travailleurs pauvres, qu'il laissait par sa superbe indifférence dans leur misère habituelle; pourquoi cela subsiste-t-il encore? pourquoi y a-t-il un lieu de délices pour les militaires, comparativement aux maisons offertes par l'État aux travailleurs des deux sexes? Ne se valent-ils pas? Souvent le travailleur est un ancien militaire, et de plus blessé, et, pour ses blessures, réformé du service, renvoyé dans l'état civil, abandonné, sans protection, sans ressources, obligé de se faire domestique ou de reprendre un état oublié en partie, ou bien d'en apprendre un nouveau. Il vient, dans sa nouvelle position, offrir le reste de ses forces à la société, sans en retirer pour lui aucun bénéfice pour ses vieux et derniers jours, qu'il a à passer dans la société, qui lui offre pour tout abri, avec des protections encore, Bicêtre pour les hommes, et la Salpétrière pour les femmes; lieux de repos ignobles. Voilà, pour les travailleurs invalides; je fais ressortir des contresens dans des classes d'un même ordre, et qui ont les mêmes droits au bonheur; ces différences frappent et glacent d'horreur pour tant de misère. Eh bien! j'indique le remède, qu'on l'applique.

Les pauvres travailleurs sont si peu rassasiés de bonheur que leur seule conversation, à l'atelier, est toujours de se dire ce qu'ils feraient dans telle ou telle position de fortune. Ces conversations ou rêves éveillés, organisés entre eux, faits en travaillant dans les longues veillées d'hiver, leur donnent de pures et heureuses illusions, qui les conduisent à un bonheur imaginaire jusqu'à la fin de la soirée. Là, ils se quittent rayonnants avec un dernier reflet sur leur visage, du bonheur dont ils se sont créés le vain fantôme, reflet qui n'est pas long à se dissiper par le souffle de la froide et railleuse réalité qui les aborde de plus en plus près, à chaque pas qui les rapproche de leur pauvre et triste demeure; entourés d'une atmosphère glaciale, rentrant dans leur chambre sans feu, mal vêtus, glacés et mouillés, quelquefois sans pain et sans bois, ils sont si fatigués par un rude travail, qu'ils se jettent sur leur lit sans avoir pris leur dernier repas, pour demander à la chaleur et au sommeil un dédommagement de tant de privations et de douleurs.

CHAPITRE III.

Nouvel impôt sur les résidences de luxe,

Indépendamment des impôts ordinaires qu'elles paient à l'État.

Les habitations ou résidences de luxe, doivent supporter un impôt spécial, indépendamment de leurs impôts ordinaires, ainsi que de celui des dix centimes additionnels par franc détachés de ceux-là, pour l'impôt fraternel humanitaire.

Je suis étonné qu'on n'ait pas pensé aux habitations de luxe pour les comprendre dans les impôts qu'on voulait établir sur les voitures, chevaux, domestiques et chiens. Je ne m'explique point l'entier oubli que l'on fait d'aussi justes impôts; il ne doit pas être permis à un individu d'afficher un luxe effréné dans un hôtel, château ou palais, qui représente souvent plusieurs millions frappés de léthargie, jetés sur le sol d'une grande ville ou d'une campagne.

Je trouve qu'il est on ne peut plus injuste, de ne pas payer un impôt en faveur des pauvres travailleurs, pour se passer des fantaisies aussi exagérées, relativement aux privations exagerées aussi, de toute espèce, même des plus indispensables besoins, que la grande majorité supporte et dont elle est victime. Ces privations dont je veux parler sont : le manque d'ouvrage, de pain, de combustible, et d'un toit pour abriter sa tête, misère complète qui mène aux vices les plus affreux et souvent à la mort, tandis qu'une minorité étale sa paresse dans des résidences de luxe, entourée de cent mille objets dont un seul ferait la fortune d'une pauvre famille. Je voudrais que Dieu donnât à l'un des riches possesseurs d'un de ces hôtels, palais ou châteaux, un cœur, et qu'il lui fît voir, au travers des murs dorés de son hôtel, arrivé au milieu d'une de ces fêtes fastueuses, où l'existence d'un jour de vingt mille familles est prodiguée sous mille formes, ce qui se passe souvent très-proche de lui. Que verrait-il? grand Dieu! de bien tristes tableaux; de grandes misères : les unes souillées et en lambeaux, les autres nobles et résignées, mais toutes également attendrissantes; par exemple, dans une maison voisine, dans une mansarde en forme de triangle épointé, un petit carré, espèce de fenêtre à guillotine percée dans la ligne diagonale, distribuant dans cet affreux réduit, la lumière et l'air d'une manière sordide. Là, Dieu lui ferait voir un spectacle déchirant.

Dans cette affreuse mansarde, il voit un jeune enfant de dix ans, orphelin de la veille d'une mère aimée, ange au ciel maintenant, et dernière providence sur terre de l'infortuné; là, étendu dans un coin obscur, sur de la paille recouverte d'une toile qui fut rayée d'une couleur douteuse, il est caché sous un tas de haillons pour combattre l'intensité d'un air froid qui pénètre par une des vitres cassées, en soufflant et soulevant en plis onduleux une espèce de rideau, vraie pudeur de la misère, qui semble cacher même à Dieu l'excès de tant de douleurs. Et pour compléter ce triste tableau, il y verrait une vieille voisine de sa mansarde, son aïeule en âge et en misère, rompue par le châtiment constant de toutes ces douleurs de l'âme et du corps, dont le cœur est bon, s'inquiète et sympathise avec tous ceux qui s'affaissent sous ce châtiment qu'elle a supporté pendant un demi-siècle. Le matin vient : cette pauvre vieille a le cœur comprimé d'un serrement qui est pour elle un pressentiment qui ne la trompe jamais; ce n'est point une superstition chez les malheureux; pour eux, c'est une révélation qu'ils lisent dans le livre des misères, où toutes leurs variétés sont détaillées en lettres de sang.

Elle écoute, l'oreille collée au mur, elle n'entend rien, s'inquiète de ce silence, son cœur n'y tient plus, elle court chez le jeune enfant en l'appelant, même silence ; frappe, entre, regarde, se penche sur lui, prend une main raide et glacée : l'enfant n'est plus, Dieu a son âme !

Triste lanterne magique, dans laquelle Dieu lui fait voir plus loin une de ces nobles misères sans lambeaux qui pénètrent le cœur d'attendrissement. Pour les uns, effroi, tristesse et dégoût ; et pour les autres, attendrissement et admiration, mais toutes également affligeantes.

Quatre heures du matin : une jeune fille est auprès du lit de douleur d'un père bien-aimé, vieilli par les malheurs, qui font l'ouvrage du temps, et le traînent, accablé des douleurs de l'âme et du corps, hors de la vie, un pied dans le cercueil. Il est auprès de sa fille, il feint le sommeil, il a le visage baigné de pleurs silencieux, reflet saisissable de tout ce qui se passe de triste dans son âme, que son créateur appelle à lui.

Dieu ne veut pas guérir l'homme des maux dont la société est cause, ce serait déclarer que l'édifice du monde qu'il a créé est vicieux. Dieu est infaillible, il a voulu que la société trouvât tous les remèdes qu'il lui a donnés dans ce monde pour guérir les maux qu'elle se fait. Cet homme plein d'afflictions, ne regrette pas pour lui la vie qu'il quitte ; il est père d'une pauvre jeune fille qu'il laisse seule au monde ; cette enfant, qui fait innocemment couler tant de larmes, pour doubler son gain, double la durée de son travail. Voyez-là, la tête penchée sur des fleurs artificielles, dont la couleur vive et fausse fait ressortir d'une manière frappante l'éclat de la pâleur maladive de sa peau transparente et veloutée, ainsi que le demi-cercle arc-en-ciel qui enveloppe le dessous de ses yeux, et atteste l'excès des veilles laborieuses dont la cause est sublime et la fin mortelle, ses lèvres violacées et farineuses, signe incontestable de la chaleur vitale qui s'exhale de sa poitrine : c'est sa vie qui s'envole par parcelles dans les arômes de son son âme. Ce serrement à la base de la côte de son nez, c'est l'écho des douleurs intérieures de son corps; elle est frappée du germe mortel de cette maladie où la jeune fille semble, à l'imagination rêveuse, glisser doucement de cette vie dans une autre, enveloppée d'un nuage livide de fleurs pâles effeuillées. Eh bien ! voilà deux catégories de misère développées à la face de ce monde qui n'a jamais respiré cette odeur unique de la misère de la majorité de la population, laquelle tue le corps et flétrit le cœur de ses victimes. Il est cependant bien facile pour la société de la détruire à tout jamais, si elle le veut bien. Revenons à cet impôt sur les résidences de luxe, lequel m'a donné lieu à essayer de faire sentir la justice de cet impôt, et donner un chiffre.

J'estime que le droit dont seraient frappées toutes les résidences de luxe, devrait se monter à un franc du mille sur le capital d'achat, ou de sa valeur estimée par le recensement. Ainsi, le palais du grand seigneur, comme la villa modeste du petit bourgeois, payeraient cet impôt proportionnellement. Ces impôts n'empêcheraient pas que les riches eussent tous les objets de luxe indispensables pour leurs fantaisies, pourvu toutefois qu'ils payassent aux classes pauvres, qui ne peuvent souvent se donner la fantaisie de l'aliment le plus grossier, un droit pour chaque objet de luxe d'une certaine valeur, tels que voitures, chevaux, domestiques, chiens et résidences, nouvel impôt que j'ajoute aux autres.

On a parlé des quatre premiers, mais on a oublié cette pensée si équitable, sortie du cœur d'un député qui n'avait pas l'esprit subversif, ses opinions en font foi; et malgré cette modération, on n'a pas rendu justice à une aussi belle pensée, c'est pourquoi je fais les vœux les plus ardents pour que cela revienne. Ces impôts sur ces différents objets ne ruineraient pas les riches, et l'on doit sentir que mon plus grand désir serait de voir tous les individus riches de la société se prendre d'une belle passion pour la rivalité de luxe entre eux, comme cela fut à différentes époques. Cette rivalité est aussi une passion de leur cœur, très-irritante et très-active; si elle venait à être très-développée à notre époque, quoique en République, elle féconderait la vie des travailleurs, et tous ces impôts rassemblés, desquels je parle, seraient un fleuve qui déborderait sur eux. Ainsi fait le Nil aux terres voisines qu'il couvre et féconde de ses eaux. Alors le riche ne détournerait plus sa face du regard haineux du pauvre, autant par crainte que par dégoût, et le pauvre, en regardant le riche, lui montrerait la satisfaction peinte sur son visage, lequel serait reflété d'un sentiment de reconnaissance pour le bonheur qu'il en recevrait.

CHAPITRE IV.

Des classes des Paysans, Ouvriers , Agriculteurs ,

Et Propriétaires de 1 à 6 arpents pour toute propriété.

Parmi toutes les classes pauvres, pour lesquelles mon cœur déborde de sympathie, et auxquelles je voudrais donner tout ce qu'il en contient, celle des paysans, petits propriétaires de un à six arpents de terre, est une classe à laquelle on n'a jamais pensé que pour la croire la plus heureuse de toutes. Sans aucun doute elle n'est pas la plus malheureuse, mais cependant elle l'est assez pour qu'elle ait droit à une part dans les bénéfices de l'institution fraternelle et humanitaire que je présente , et qu'elle ait droit aussi à toutes nos sympathies pour ses misères physiques et morales, desquelles nous allons esquisser un faible tableau.

Beaucoup de personnes disent , par ignorance, les paysans sont les plus heureux, ils sont tous propriétaires. Voici de quelle manière ils le sont, et ce qu'ils en retirent pour le repos de leurs vieux jours, ce qui est le premier signe que Dieu fait à l'homme pour l'appeler à lui. Ce repos est misérable ; ils le prennent de force par l'excès des fatigues d'un travail pénible. Vie pleine de privations, n'ayant de bon que l'air pur qu'ils respirent, et qui appartient à tout le monde , seul élément qui ne peut être la propriété d'une seule classe , Dieu merci! Si la chose n'était pas impossible, on verrait des capitalistes , non par méchanceté , mais seulement pour ce besoin irrésistible d'acquérir outre leur part de bien, celle des autres , l'emmagasiner en le monopolisant pour le vendre le plus cher possible.

Ces hommes habiles peuvent accaparer la terre, l'eau, le feu, l'aliment de première nécessité , mais l'air? jamais! Dieu ne l'a pas permis ; et c'est heureux pour ceux que la société civilisée laisse mourir de faim et de froid : au moins s'ils ne mangent pas ils peuvent respirer autant d'air qu'ils le veulent. Ils n'ont pas besoin de payer ce bonheur inaliénable. Ainsi les paysans ont ce bonheur au grand complet ; ils ne se permettent que ce luxe. La création l'a distribué gratuitement à tous, et avec profusion pour les hommes des champs.

Nous allons essayer de présenter un tableau de la vie des paysans, depuis l'ouvrier agriculteur jusqu'au propriétaire de un à six arpents de terre. D'abord, ils naissent dans la chaumière où leurs pères naquirent. Ils viennent au monde fils de propriétaires. Aussitôt que l'enfant est en âge de marcher seul, il aide aux champs. Après, on l'envoie à l'école pendant un an ou deux pour sa première communion ; et de ces deux ans d'école, on peut retrancher les fêtes et les dimanches, ainsi que les jours, à de certaines époques de l'année, où il est indispensable au travail de la terre. Ces deux ans d'école, dis-je, peuvent se réduire à six mois, juste ce qu'il lui en faut pour épeler son catéchisme et signer son nom. Voilà son éducation achevée. Il arrive à vingt ans, il est l'aîné, ou seul de garçons ; il tire à la conscription. Si c'est un bon sujet, et qu'il tombe au sort, le père fait tous les sacrifices possibles pour le faire remplacer. On tire alors les écus d'un vieux sac, ce qui ne fait que le tiers de la somme nécessaire pour le rachat de sa liberté, et peut-être de sa vie. Ensuite on hypothèque le bien pour un autre tiers ; et pour faire le reste de la somme à verser dans les premiers trois ans du service militaire, on sue sang et eau, et l'on se courbe un peu plus vers la terre. Tout ceci n'augmente pas la petite propriété de la famille. Maintenant qu'il est libre, il est plein de force et de courage, et accepte la vie rude et pauvre qui se présente à lui sans rien lui assurer pour l'avenir que l'expérience des choses et des hommes, et la misère. On le marie ; le père détache pour son fils, comme fit son père pour lui, une part de la propriété, telle qu'un arpent sur six. Il y a trois enfants dans la famille, et lui-même est encore jeune pour le travail, il garde alors la moitié de la totalité pour lui. La jeune épouse apporte deux arpents, cela s'appelle un excellent mariage : le voici riche de trois arpents, propriété insuffisante. Il est obligé, pour remplir le vide dans cette insuffisance, de travailler en journée chez les autres cultivateurs, et vit comme vécut son père. Beaucoup de pain noir dans les années abondantes, de l'eau claire et fraîche, suivant les localités ; de la soupe savoureuse, composée avec un bouillon maigre de substances nutritives, excepté quelques jours de l'année, tels qu'au baptème de chacun des enfants, où le bœuf bouilli vient, avec la piquette ou le cidre, faire les frais du festin de famille.

Nous voici bientôt arrivés au dénoûment ; nous admettons que le malheur ne se soit point abattu implacablement sur ce couple dans le cours de sa vie active ; alors il a ajouté aux trois arpents qu'il avait à son mariage, à force de privations et de travail, un quatrième ; deux autres qui lui viennent d'héritage lui en font six. Le voilà riche de six arpents ; mais il a trois enfants, et il arrive à la vieillesse impitoyable, qui ne lui permet plus de continuer son rude travail des champs ; il est courbé à tel point, qu'il semble baisser de plus en plus vers la terre, sa fiancée, pour l'embrasser et s'unir avec elle pour l'éternité. Que va-t-il faire ?

Un soir, à souper, il assemble ses enfants, prend une brusque résolution et leur dit : Mes enfants, votre pauvre mère et moi, sommes vieux et faibles ; le bon Dieu nous a retiré nos forces, il faut s'y soumettre, que sa volonté soit faite en la terre comme au ciel. Ainsi soit-il. Nous ne pouvons plus travailler, nous gâterions la besogne, et un jour peut-être, mes pauvres enfants, vous nous trouveriez couchés, morts de fatigue dans le sillon. Ainsi c'est une affaire entendue, n'en parlons plus. Vous allez vous partager ce qui nous reste de bonne terre ; la plus belle fille, mes pauvres enfants, vous le savez.... Comme vous n'êtes pas riches, et que vous avez de la famille, je ne vous demanderai pas beaucoup. Pensez que vous avez des enfants, et qu'un jour vous leur direz tout ce que je vous dis là, arrivés pauvres comme votre mère et moi, au moment où le travail glisse de nos mains affaiblies. Ainsi, mes enfants, il faut arranger cela séance tenante, et examiner ce qu'il y aurait à faire pour votre vieille mère et votre vieux père. Vous ne voulez pas nous voir mendier l'aumône aux voyageurs sur la grande route? je le sais, mes pauvres enfants, je le sais ; en voilà assez de dit là-dessus, ça vous fait de la peine et à nous aussi ; il est nécessaire de se parler quelquefois dans la vie à cœur ouvert, surtout dans les grands jours qui décident de nous. Il y a de ces choses, mes amis, qui ne se disent qu'une fois dans toute la vie. C'est pourquoi nous allons arranger l'affaire de suite; j'ai un plan qui vous conviendra : je choisis Pierre, nous irons demeurer avec lui; vous autres, vous lui payerez chacun 100 francs par an, lui fera le reste. Je savais bien, mes enfants, que ce petit plan vous conviendrait.

Eh bien ! la plupart des propriétaires de un à six arpents sont, à la fin de leur carrière active, dans cette misérable position. Ils sont souvent une lourde charge pour leurs enfants, lesquels ne remplissent pas toujours envers leurs père et mère ce devoir avec le plus scrupuleux amour filial. Ils les accablent quelquefois des plus durs reproches, et ne déguisent pas à leurs yeux, par une sourde pantomime de gestes impatients, où leur pensée se peint aux regards douloureux de ces pauvres vieillards avec les couleurs les plus sombres , que leur mort est attendue par leurs enfants , dans les angoisses d'une impatience intolérable. Le parricide alors par la pensée descend dans leur cœur; et cependant ce cœur n'est point mauvais, car le remords y rentre au même instant que les mauvaises pensées en sortent. Que d'horribles tortures dans la famille! que de combats inces-

sants! soupirs, regards, gestes, tout enfin révèle leurs souffrances.

Il y a des départements où il est d'usage que le paysan père de
famille, propriétaire de un à quatre arpents de terre, se défiant
du mauvais cœur de ses enfants, ne leur donne rien de son vivant, pas même à leur mariage; le père du jeune homme donne
le repas de noces, et le père de la fiancée donne les meubles; il ne
leur laisse son bien qu'après sa mort. Il aime mieux prendre un
ouvrier à la journée, quand il est affaibli par l'âge et le travail,
que de donner son bien à ses enfants pour avoir d'eux une rente
en échange; il craint que ses enfants ne remplissent pas envers
lui leur engagement de le prendre à leur charge.

Son jugement sur ses enfants n'est point faux; des exemples de
duretés filiales ne sont que trop souvent offerts aux regards
attristés du monde; une grande partie des pauvres vieillards qui
sont dans cette misérable position vis-à-vis de leurs enfants, qui
furent bons et confiants pour eux et envers eux, sont obligés
de vivre huit jours chez l'un, huit jours chez l'autre, et le pain noir
qu'ils y mangent est souvent arrosé de leurs larmes, que les
mauvais traitements de ces enfants leur font répandre.

Il serait cependant très-facile de remédier à ce désordre moral, physique et social. Voilà le mal, voici le remède. Le paysan
arrivé à soixante ou soixante-cinq ans, recevrait la pension de
retraite, toujours à la condition d'avoir rempli son devoir relativement à son impôt fraternel, détaché de ses impôts fonciers,
ainsi que sa cotisation annuelle, à la condition aussi, très-impor-
tante et très-grave, qu'il laisserait, arrivé à l'âge du repos, tout
son bien à ses enfants, sans rien se réserver pour lui. Il n'aurait
alors plus rien à redouter ni de l'avenir, ni de ses enfants, et ferait avec bonheur l'abandon complet de sa petite propriété en leur
faveur. Ces derniers, en la recevant avant la mort de leur père,
n'auraient que de bons procédés pour lui, en acceptant la vie

avec joie et gratitude. Leur cœur y gagnerait en bonté; alors la joie et l'amour remplaceraient dans la famille la colère et les larmes.

Avec ce projet de retraite libre que je présente, je répandrais un baume sur tant de plaies vives aux cœurs des familles pauvres. Faites-leur du bien, vous leur donnerez la moralité; ces pauvres hommes sentent bien, sans qu'ils s'en rendent compte, qu'il leur est dû quelque chose de meilleur que la misère; l'ignorance et l'habitude de souffrir depuis tant de siècles, font qu'ils sont rompus à cet état de choses.

Ainsi une rente de 4 à 500 francs pour un paysan âgé de soixante ans, est une fortune; cette retraite libre serait un lien de sympathie dans l'intérieur des familles pauvres; ce baume nettoyerait leurs cœurs des mauvaises pensées qui les salissent. Le bonheur viendrait avec l'aisance. La misère est une fort mauvaise conseillère. L'homme pauvre, avec ce projet, n'importe à quelle catégorie de travailleurs il appartiendrait, aurait sa vie complète. Il se mariera avec joie, et plus souvent qu'autrefois, l'homme et la femme s'uniront légitimement. Ce ne serait plus l'union de la misère et de la douleur; ils n'auraient plus qu'à chercher les moyens de se rendre le plus heureux possible pendant leur carrière active. Ils soigneraient davantage leur santé pour vivre plus longtemps, afin de profiter largement de leur pension de retraite libre.

Ils élèveraient leurs enfants avec plus de soin, et arrivés à l'âge du repos, ils leur diraient : Ne vous inquiétez pas pour l'avenir, nous n'avons rien à vous laisser, le salaire d'un pauvre ouvrier est bien maigre; tout ce que nous avons pu faire, c'est de vous élever le mieux possible, en vous donnant de bons états. Ainsi, chers enfants, vous n'avez besoin de rien..., soyez hommes de bien, remplissez vos devoirs de travailleurs, et votre pain des vieux jours vous attend; que vous soyiez militaires, marins, pe—

tits commerçants ou travailleurs, vous n'avez pas à songer à l'avenir. Si vous vous mariez et que vous ayez le bonheur de vivre, vos femmes et vous jusqu'au moment de votre retraite, vous aurez double part.

Ainsi marchez avec confiance vers l'avenir, il vous appartient; il sera pour vous comme il est pour nous, heureux. Voilà donc la transformation morale et physique des travailleurs qui s'opère progressivement et devient complète au bout de vingt-cinq à trente ans, à partir du jour où ce projet serait mis à exécution. Je demande pardon à mes lecteurs de les entretenir aussi longuement, je me laisse entraîner par le charme que je puise dans ce sujet que j'ai tant étudié, qu'il serait impossible à une personne à laquelle on le présenterait pour la première fois, de comprendre à la première lecture, peut-être, tout ce qu'il renferme de bien, pour toutes les classes qui composent la société entière de France.

Voici un exemple d'un bonheur matériel qui ne serait point à dédaigner, et qui pourrait être immédiat et s'étendre sur toutes les classes : 3 à 400 millions roulants chaque année, répartis en pensions de retraite entre 800 mille invalides des deux sexes, lesquels en partie seraient divisés dans tous les départements, immergeraient la France; et sur quelles classes cette pluie d'or tombera-t-elle? il est facile de s'en douter : sur les classes moyennes, tout le petit commerce en serait imprégné.

CHAPITRE V.

RÉFLEXIONS.

Si le gouvernement, les riches, enfin toutes celles des classes de la société qui possèdent la propriété en France, et qui ont intérêt à conserver ce qu'elles ont, voulaient être équitables envers les classes malheureuses, elles pourraient faire beaucoup avec peu. Qu'on le sache donc bien, et ne nous étourdissons pas sur les causes qui obligent les hommes qui s'emparent du pouvoir, après une révolution, de mettre en avant des mots pour maintenir les masses, celles qui se montrent dans le combat, qui sont téméraires et fortes, mais ignorantes, et auxquelles on jette à la face pour les éblouir et les calmer, ces mots dont le sens est sublime ; mots magiques qui portent en eux une douce influence du moment. Tel est un nuage d'orage, qui s'ouvre et répand son eau rafraîchissante en pénétrant l'herbe sèche, laquelle semble revenir à la vie ; vain espoir, la sécheresse recommence à darder sur elle sa chaleur mortelle, elle penche la tête de nouveau en s'affaissant sur elle-même pour ne plus se relever. Ainsi fait le sec égoïsme pour ces principes : Égalité, Fraternité et Liberté, qu'après l'éblouissement de ces esprits exaltés passé et le calme revenu, ils sont tout aussitôt méconnus. C'est que l'intérêt personnel est le seul guide des sentiments de la plupart des hommes qui possèdent.

Il ne faut pas craindre de le dire, ces frères qui naissent pauvres, et qui viennent s'intercaler dans la société, ne sont soufferts par elle qu'à la condition qu'ils travailleront et vivront misérablement pour assurer le droit de paresse à quelques classes. Si Dieu voulait juger ce débat social, la conclusion serait triste pour ces classes.

L'on doit bien voir au fond de la foi vive qui me pousse à vouloir le bien matériel et moral que je désirerais faire à la société, et principalement à la plus grande partie qui souffre, privée de sa part de bien, que l'autre possède tout entière un parfum d'égalité et de fraternité, soulever le voile d'égoïsme qui couvre cette société. L'on doit voir aussi que ce parfum de fraternité et d'égalité s'exhale dans des proportions raisonnables, appliquées aux besoins de l'époque comme moyens transitoires pouvant être immédiat et d'une facile exécution.

C'est avec des moyens transitoires semblables à ceux que je présente, qu'on arrivera sans secousse à ne pas rendre vains ces principes, lesquels finiront un jour par ressortir éclatants de vérité, attestés par le bonheur qu'ils donneront au monde. Trinité de principes sublimes qui résument en eux le bonheur suprême que Dieu nous a permis de cueillir sur terre.

Si nous n'avons pas, en République, une Constitution un peu trempée dans le baume régénérateur renfermé dans ces trois principes, alors ces dénominations du bonheur social affichées sur cent mille monuments français, ne seront que des mots dérisoires et dangereux. Il ne faut pas faire voir au blessé qui souffre, le baume qui doit guérir sa blessure si l'on ne veut pas le lui donner. S'il est persuadé qu'il n'y a que ce baume qui puisse le guérir, il fera tout ce que le génie de la conservation pourra lui suggérer de ruse et de force pour s'en rendre maître; il mettra tout à feu et à sang pour avoir le bonheur qu'on lui promet et lui montre, et qu'on ne veut pas lui donner. Il en est de même de ces trois principes qui s'offrent au regard et à la pensée intelligente du peuple pour lequel ils sont tracés sur tous les frontispices des monuments de la République. Qu'on efface donc ces mots, ils ne font qu'exciter la soif du bonheur qu'ils promettent. Ne promettez que ce que vous savez pouvoir tenir.

Les hommes politiques profitent de ces trois principes qui ont une si grande puissance sur l'imagination, ils les inscrivent sur tous les monuments, pour calmer l'effervescence de cette ardeur belliqueuse que le succès double chez le vainqueur, et surtout chez le Français, qui est le peuple le plus guerrier du monde, et aussitôt que ces esprits exaltés sont calmés, et l'épée révolutionnaire rentrée dans son fourreau, les trois mots magiques, inscrits aux frontispices des monuments, sont tout aussitôt recouverts d'une couche de chaux vive : horrible détrempe qui cache la promesse au monde d'un bonheur signée par des chefs qui ne remplissent pas toujours leurs engagements politiques et sociaux.

PARTIE ORGANIQUE

DU PROJET

DE RETRAITE LIBRE.

Combinaison de contributions minimes, à laquelle je donnerai le nom de contributions fraternelles humanitaires , levées sur toutes les classes qui possèdent la propriété en France, d'une part, — et d'une cotisation mutuelle et proportionnelle, faite par toutes les classes des travailleurs en France, d'autre part.

D'abord, l'administration de notre institution sera entre les mains de l'Etat. Le fond, ou capital roulant de la caisse pour les pensions de retraite libre, sera l'impôt et la cotisation sous toutes ses formes, de toutes les classes formant la société entière de France.

Tous les travailleurs des deux sexes, parvenus à l'âge de 65 ans, auront droit à la pension de retraite libre comme étant invalides du travail. La pension sera, pour les hommes, de 450 fr. par an, et pour les femmes de 350 fr. Les militaires et les marins, jusqu'au grade de sous-officier, auront une pension de retraite, après 30 ans de service, de 450 fr. par an, comme les travailleurs.

Impôt fraternel de 10 centimes additionnels, détachés de tout les impôts ordinaires, sur tous les individus, en France, qui possèdent la richesse, savoir : les possesseurs immobiliers, les possesseurs mobiliers, les capitalistes et tout le commerce.

Cotisation annuelle des classes qui possèdent la propriété en France, indépendamment de leur impôt fraternel de 10 centimes par franc.

Cotisation annuelle de tous les travailleurs en France. —Cotisation annuelle, dans chaque régiment, des chefs en faveur des soldats. — Cotisation annuelle, dans chaque régiment, des soldats jusqu'aux sous-officiers, pour eux-mêmes, ainsi que la marine nationale, par le même mode.

Tous les employés de toutes les administrations de l'État, soit militaires ou civils, qui sont retraités par l'Etat, participeront, proportionnellement, à une cotisation en faveur des invalides du travail et invalides militaires, indépendamment de leur impôt fraternel de 10 centimes additionnels par franc sur les propriétés des uns et sur les impôts locatifs des autres. Comme cette classe, ayant double emploi, savoir, la propriété, d'une part, et la retraite d'employés, de l'autre, qui lui rapporte double bénéfice, doit payer double.

Tous les officiers , inférieurs et supérieurs, comme les administrateurs , contribueront proportionnellement à leur traitement, pour la cotisation, indépendamment de l'impôt de 10 centimes additionnels sur les propriétés de ceux des officiers qui en possèdent. Il y a là, pour cette classe comme pour l'autre, double bénéfice, et, comme l'autre, elle paie double.

De la retraite libre et de son organisation.

L'impôt fraternel sera de 10 centimes additionnels par franc, détachés des impôts généraux prélevés sur toute la richesse; et comme ces impôts généraux seront de 1 milliard 500 millions, la somme totale des 10 centimes additionnels pour l'impôt fraternel, détachés des impôts généraux, sera de 150 millions.

La cotisation annuelle et générale de toutes les classes en

France qui seront tenues de la verser, sera l'une dans l'autre fixée à **12** francs. Cette cotisation sera proportionnelle au salaire des différentes catégories de travailleurs depuis 4 francs jusqu'à 20 francs : 4 francs *minimum*, 20 francs *maximum*.

Toutes les classes qui possèdent la propriété en France, ainsi que les travailleurs à gros salaires (l'on verra plus loin ce que nous entendons par les travailleurs à gros salaires), paieront le *maximum*, et les femmes ouvrières ne paieront que le *minimum*.

La cotisation des travailleurs de toutes les classes, y compris les travailleurs à gros salaire, ainsi que celle des classes qui possèdent la propriété en France, forment ensemble 20 millions d'individus à **12** francs de cotisation l'une dans l'autre, produit une somme de **240** millions.

Il y a 800 mille individus dispensés de la cotisation, comme étant invalides, âgés de 65 ans jusqu'à l'âge le plus avancé, ayant droit de suite à la pension de retraite libre.

J'ai dit plus haut qu'il y avait 20 millions de travailleurs et autres, de 16 ans à 65 ans, pouvant verser leur cotisation. Cette cotisation, l'une dans l'autre, est fixée à **12** fr. par an, ce qui fait au total **240** millions de fr. Les impôts et les cotisations produiront ensemble un capital de **390** millions de fr. par an.

Maintenant que nous sommes possesseurs d'un capital de **390** millions, comme ce capital serait insuffisant pour payer une pension de **400** fr. l'une dans l'autre à 800 mille invalides des deux sexes, alimenter les caisses de secours, construire et organiser le tout la première année, nous sommes obligés de cumuler cette somme pendant deux ans pour avoir un capital roulant de **780** millions, avec lequel on pourra faire tout ce que j'indique de bien, servant à compléter la vie des travailleurs. D'abord, il faudra prendre sur ce capital **160** millions pour payer à 800 mille invalides, depuis 65 ans jusqu'à l'âge le plus avancé, le premier semestre de la troisième année, à partir du jour où ce projet, reçu et adopté par l'Etat, serait mis à exécution, et l'on pourrait, à la troisième année de la fondation de cette institution, verser ce bonheur, attendu par tous les travailleurs invalides, depuis si long-temps, qu'ils oublient que ce bonheur leur est dû légitimement. Il resterait, après le premier semestre payé, une somme considé-rable pour fonder des caisses de secours dans chaque mairie d'ar-rondissement de tous les départements, et construire un monu-ment pour la femme invalide, infirme, isolée, qui préférerait, en place de la retraite libre, vivre en communauté.

Après les deux semestres payés de la première année sur les 780 millions cumulés dans les deux ans, à partir du jour où ce projet serait adopté par l'Etat, resterait encore un capital de 460 millions. Une partie de cette somme aurait servi précédemment à faire toutes les constructions nécessaires, en France, relative-ment à la retraite pour ceux des invalides civils ou militaires qui préféreraient, soit par leur isolement ou leurs infirmités, vivre en communauté. Une autre partie du même capital aurait servi à établir l'administration générale dans Paris et des succursales dans tous les départements. Une autre partie de cette somme servirait encore à alimenter toute l'année les caisses de secours placées dans chaque mairie d'arrondissement dans tous les dé-partements.

La femme mariée ouvrière, versant chaque année sa cotisa-tion, aura 350 francs de pension pour sa retraite. La femme céli-bataire ou veuve aura la même pension de retraite, 350 francs ; dans cette combinaison, il y a un fond de moralité qu'on com-prendra facilement : les travailleurs, hommes et femmes, auront intérêt à s'unir légitimement.

La pension de retraite du couple s'élèvera à la somme de 800 francs ; tout le monde sait qu'un ménage composé de deux personnes fait plus avec 800 francs, qu'une seule ne peut faire avec 500 francs ; il y aurait donc là, pour eux, avantage à s'unir.

L'homme cherchera, n'importe l'âge, dans le mariage, une source de bien-être de plus, qu'il n'aurait en vivant seul. La femme âgée peut plutôt se passer de l'homme, que l'homme de la femme ; elle est plus capable, avec ses qualités de ménagère, de se faire un sort heureux avec 550 francs, que l'homme avec une pension de 450 francs.

Les frais seront considérables pour l'organisation générale dans toute la France, de la fondation de cette nouvelle institution, mais aucun d'inutile ; le personnel qu'il sera nécessaire d'avoir emploiera un nombre considérable de petits bureaucrates ou autres personnes qui sont actuellement sans place ou sans ouvrage.

Cette réflexion que je présente n'a pas besoin d'un plus grand développement pour faire comprendre au monde entier, quelle suite de bonheur relatif découlerait de cette conception pour toutes les classes qui composent la société en France.

Sur la formation de l'administration de la caisse de retraite.

L'administration de la caisse de retraite devra être en rapport avec l'importance du sujet ; le bâtiment, résidence du siége administratif, devra être assez vaste pour contenir le nombre de bureaux spéciaux pour les différents bras du corps administratif. Ces bureaux seront composés d'autant d'employés que les besoins administratifs l'exigeront. Cependant tout se fera avec la plus grande économie. Je laisse aux hommes spéciaux le soin de fixer, avec économie, le chiffre des émoluments et le nombre d'employés et de bureaux qni seraient nécessaires pour faire marcher tous les rouages du mécanisme administratif.

Du livret.

Le livret du travailleur ne sera pas une affaire de police seulement ; il servira : 1° à déterminer sa profession, laquelle déterminera le chiffre de sa cotisation ; 2° il servira à établir sa moralité ; 3° il détermine les rapports entre les travailleurs et les lpatrons ; 4° par une note particulière des patrons, pour certains ouvriers, l'on saura le degré de capacité qu'ils ont dans leur état ; 5° une partie de ce livret servira de livre de la caisse de retraite, établissant son compte, pour les versements de ses cotisations, chaque année de sa vie active. Ce livret est, en quelque sorte, l'abrégé de l'histoire de la vie du travailleur, et au lieu d'être une affaire de police comme ça été jusqu'à cette heure, il serait pour eux un brevet d'honnête homme ; c'est un brevet qui en vaut bien un autre. Chaque livret serait gardé aux archives de la caisse de retraite. Après le décès de l'invalide, il serait remis à ses héritiers un certificat de preuve irrécusable de la carrière honorable d'un père ou d'une mère, d'un oncle ou d'un frère, qui auraient, comme les hommes qui ont été utiles à leur pays, une petite part d'illustration : il n'y a pas que l'homme d'Etat, le militaire, le poète ou l'artiste qui s'illustrent ; il y a un genre de gloire autre que les talents élevés, c'est celle d'avoir été toute sa vie un homme de bien, et je ne le placerai pas au dernier rang, car, avant toutes choses, il faut avoir cette qualité. Il est, on ne peut plus vrai, que l'homme honnête et intelligent est utile dans l'ordre de l'harmonie sociale : un militaire qui passe 25 ans dans un état continuel de paix, dont tout le mérite est d'avoir été propre dans ses effets d'habillement et fort obéissant à la discipline, a droit à la croix de la Légion-d'Honneur. Qu'a-t-il fait de plus que le travailleur qui passe quarante ans à produire au bénéfice de la société ? Je le demande. Qu'a-t-il fait de plus que celui-ci? — Rien ! mille fois rien ! Je crois, au contraire, que s'il y en a un des deux, du militaire ou du travailleur, qui mérite la reconnaissance de l'humanité, ce n'est pas le militaire ; l'un produit et l'autre détruit, poussé par les lois barbares de la guerre. Le choix est bientôt fait par l'humanité. Je n'accuse pas l'homme dans le soldat, il est innocent ; je n'attaque que les institutions couvertes d'épaisses ténèbres qui compriment les élans d'aspirations des sociétés vers la vérité, lumière céleste que la divinité nous a permis de voir.

Les jeunes ouvrières et ouvriers seront forcément porteurs du double livret ; il leur sera délivré au sortir de l'apprentissage pour entrer dans la fonction sérieuse de travailleur.

Les travailleurs obtiendront le livret au bureau spécial de la caisse de retraite, avec deux témoins patentés, leur maître d'apprentissage, et deux certificats, l'un du propriétaire, et l'autre de vie et de mœurs, du commissaire de leur quartier ; les deux témoins et le maître d'apprentissage signeront le livret à la partie de la profession du jeune travailleur ; l'autre partie du livret, dans laquelle sont les rapports des comptes entre les travailleurs et l'administration générale de la caisse de retraite, sera signée par le directeur de la caisse de retraite, et le chef du bureau spécial des livrets.

Tous les trois ans, chaque travailleur fera viser son livret au bureau spécial, pour qu'en cas qu'il se soit soustrait aux versements de sa cotisation annuelle, et qu'il soit arriéré d'une ou de plusieurs années, il lui soit enjoint d'effectuer les versements de ses cotisations arriérées, dans un espace de temps qui sera fixé ultérieurement.

Du mode de perception.

Les bureaux ordinaires de perception feront, par le même mode qu'on emploie maintenant, la perception de l'impôt fraternel pour la caisse de retraite. Seulement, il y aura un commis détaché de l'administration générale de la caisse de retraite pour faire le service de percepteur dans chaque bureau de tous les arrondissements. Ce commis sera chargé de recevoir et encaisser l'impôt fraternel détaché de l'impôt, versé par les imposés ou contribuables, qu'il soit versé par eux la somme totale ou en partie. L'impôt fraternel sera défalqué de suite, et le commis donnera au chef du bureau responsable, contre la défalcation, son reçu, sur le registre de ce dernier. Une fois la somme totale de l'impôt des 10 centimes additionnels perçue et encaissée par le commis, cette somme sera par lui versée immédiatement à la caisse de retraite de l'administration générale. Ce commis sera muni du registre portant le chiffre de la somme totale de l'impôt des 10 centimes additionnels, avec le déchargement signé par le chef de bureau responsable.

De la cotisation des travailleurs.

Dans chaque mairie, il y aura un bureau de perception établi pour faire le service de la caisse de secours toute l'année, et le service de la perception pour la cotisation des travailleurs pendant quatre mois. Ces bureaux ne seront que des succursales de l'administration générale de la caisse de retraite.

A un temps fixé de l'année pour la perception de la cotisation, il y aura un supplément de commis ajoutés au bureau de chaque mairie, détachés du personnel administratif de la caisse générale, divisé, suivant l'urgence, en autant de commis que les besoins l'exigeraient pour faire le service de la perception.

Ces commis, détachés de l'administration générale, rentreront dans les bureaux des arrondissements au moment de l'appel, pour faire le service pendant les quatre mois que durera la rentrée de la somme totale des cotisations.

A un temps donné, l'on fera un appel aux travailleurs chez tous les patrons. Cet appel sera fait chaque année dans deux arrondissements à la fois.

Deux mois après cet appel, les garçons de recettes se présenteront chez tous les patrons, deux seulement par arrondissement, pour percevoir la cotisation des ouvriers.

Deux garçons de recettes percevront pendant deux mois la cotisation des travailleurs chez tous les patrons qui seraient dans l'arrondissement du bureau dans lequel ils font le service. Ils se présenteront chez ces maîtres du travail pour recevoir la cotisation de leurs ouvriers qu'ils ont eus dans le courant de l'année.

Chaque bureau, dans chacun des arrondissements, fera, pendant deux mois, la perception, afin que quatre garçons de recettes seulement perçoivent la cotisation et fassent chaque année la recette des douze arrondissements. Il y aura économie dans le service en restreignant le personnel administratif, et il ne s'en fera que mieux. Les quatre garçons de recettes feront ce service toute l'année.

Pas un ouvrier n'échappera au devoir sacré pour lui de verser sa cotisation, quittât-il dans l'année douze patrons. Le livret sera toujours là pour attester, et les garçons de recettes pour faire souvenir ; de plus, l'appel et le tableau des réglements placé dans chaque atelier viendront presser les travailleurs d'accomplir leur devoir solidaire.

Après que la cotisation sera complètement perçue et encaissée, les commis, le travail achevé, retourneront dans leur bureau de l'administration générale, pour rendre leurs comptes et verser à la caisse générale la somme totale des perceptions de l'arrondissement dans lequel ils auraient fait le service pendant les quatre mois de la durée du travail pour la perception. Ainsi de suite des autres commis de chaque arrondissement.

Tous les ouvriers qui auraient passé chez différents patrons, dans le courant de l'année, ou ceux qui auraient stationné chez un seulement plus ou moins de temps, devront, deux mois après l'appel fait, avoir versé leur cotisation dans les mains du patron chez lequel ils seront lors de l'appel du versement de leur cotisation.

Pour donner plus de force à l'exécution du versement, les patrons devront, au moment de l'appel, faire les retenues proportionnelles à chaque quinzaine de la paie de leurs ouvriers, de manière à ce que la cotisation soit entièrement dans leurs mains lors du jour où les garçons de recettes viendront, deux mois après l'appel, percevoir les cotisations.

Il faut ajouter que les patrons n'auront pas le maniement des sommes versées par tous les ouvriers qu'ils auraient occupés dans le courant de l'année ; un patron peut avoir besoin seulement de vingt ouvriers, et, néanmoins, il peut se faire que deux cents fussent entrés et sortis dans le courant de l'année, bien qu'au total il n'en ait eu au travail que vingt, et que dans ces deux cents ouvriers entrés et sortis, il y en ait eu qui voulussent, pour différentes raisons, avant que de sortir de chez ce patron, verser leur cotisation ; ce qui ferait, au bout de l'année, souvent une somme assez considérable, qu'on ne peut laisser à volonté dans les coffres des patrons.

Ainsi chaque cotisation, soit totale, soit par partie, retenue à chaque quinzaine aux ouvriers d'un patron, sera, par ce dernier, versée dans un tronc scellé dont les garçons de recettes auront seuls la clef.

Il y aura, dans chaque atelier de patron occupant des ouvriers, un tableau des règlements et un tronc pour déposer les cotisations des ouvriers qui auraient voulu d'avance, avant l'appel, pour des causes qu'on ne peut préciser, verser leur cotisation.

Chaque patron, en retenant la cotisation de ses ouvriers à chaque quinzaine de leur paie, soit en partie, soit totale, devra porter sur le livret de la caisse de retraite de chacun de ces ouvriers, le chiffre de la partie ou de la totalité de la cotisation par lui retenue, et signera, sous le chiffre, comme reçu du versement effectué.

Ce petit travail, pour les patrons, ne se fera que pendant deux mois de chaque année ; c'est un devoir qu'un homme de cœur doit accomplir en faveur de ses ouvriers, lesquels lui seront reconnaissants s'il a le soin de les bien traiter. Fussent-ils ignorants, ils sentent parfaitement bien et apprécient la conduite, grande ou sordide et mesquine, de leur patron à leur égard. On rencontre dans toutes les relations entre les hommes, et de quelques classes qu'ils soient, toujours la solidarité.

Chaque patron aura un livre où il fera signer tous les ouvriers qui entreraient dans le courant de l'année dans ses ateliers, avec la date du jour de leur entrée ; et lors de leur sortie de ses ateliers, il les fera signer et dater de nouveau.

Tous les ans, le livre des comptes-courants des patrons pour les cotisations versées, sera visité par un inspecteur chargé de vérifier et relever le total des cotisations des ouvriers qui auraient travaillé dans le courant de l'année chez ces patrons. Cette dernière mesure serait pour les comptes généraux de l'administration de la caisse générale de retraite, servant à établir l'entrée des jeunes ouvriers dans la cotisation, et la sortie des ouvriers âgés de soixante ans, déchargés de l'obligation du travail, ou invalides avant l'âge par des infirmités, mutilations ou blessures, qui les mettent dans l'impossibilité de travailler. La fonction de cet inspecteur est un recensement.

Les garçons de recettes visiteront le livre dont nous venons de parler, en retirant la somme totale des cotisations de l'année, pour voir l'accord des sommes portées sur le livre et versées dans le tronc, ainsi que le nombre des travailleurs qui auraient versé dans le courant de l'année. Après la vérification faite et la somme retirée du tronc par le garçon de recettes, ce dernier signera et apposera le timbre reçu de l'administration générale de la caisse.

Il ne pourra y avoir de fraude en aucune manière; à l'époque fixée dont j'ai parlé, et sur l'appel fait, toutes les cotisations de tous les ouvriers porteurs du double livret, par cette combinaison, devront être versées en même temps.

Le double livret servira à la fois pour les relations des patrons et des ouvriers dans le travail. Il tiendra lieu de livre de comptes de la caisse de retraite pour les versements de leurs cosisations annuelles et pour le nombre d'années qu'ils auraient à verser, jusqu'au jour où ils entreraient dans le repos.

Tous les travailleurs de Paris ou des départements devront avoir versé leur cotisation à la même époque.

Tout travailleur qui aurait échappé à son devoir, par n'importe quel moyen, soit par l'absence, soit par la maladie, sera toujours tenu de verser. Il ne pourra jamais échapper entièrement à la surveillance maternelle de la caisse de retraite, fondée essentiellement pour lui assurer un avenir heureux et libre : double bonheur pour lui. Son livret est toujours là pour venir témoigner de sa bonne foi. Si un ouvrier, quittant son patron, n'a pas versé dans l'année, au moment de l'appel, n'importe dans quel département où il se trouverait, son livret ne serait pas signé de ce dernier patron, ni sa cotisation acquittée ; et comme il faudra toujours qu'il se présente chez un autre pour demander du travail, le nouveau patron, chez lequel il serait accueilli, vérifiera son livret : il est bien entendu que tous les ouvriers devront avoir le double livret, sans lequel les patrons ne les recevraient pas, et leur en feraient prendre un. Il est un fait incontestable, c'est qu'il y a des hommes auxquels on est obligé de faire accepter le bonheur de force, quand ce bonheur se montre à eux dans un lointain, bien qu'il soit sûr ! La vérification du livret du retardataire ferait voir à ce nouveau patron à quelle époque il a effectué le versement de sa dernière cotisation, chez quel patron il a travaillé et depuis combien de temps il est sorti de chez lui. S'il est en retard, ce nouveau patron s'arrangerait par des retenues légères, proportionnelles, pour lui faire verser sa cotisation arriérée : j'indique ce moyen pour empêcher toutes négligences et fraudes de la part des ouvriers qui ne seraient pas pénétrés de l'importance de leur devoir envers eux-mêmes et envers tous les travailleurs leurs frères.

Pour ceux des travailleurs qui seraient arriérés par de longues maladies ou par des voyages à l'étranger, le livret donnera tous les éclaircissements désirables à l'administration. Si le travailleur a été malade, le livret le prouvera facilement. C'est ici que la Caisse de secours vient se relier à la vie du travailleur ; c'est une des mains de la caisse de retraite qui vient, dans une partie des vicissitudes de sa vie active, le secourir fraternellement. Les médecins attachés à la Caisse de secours, dans chaque Mairie, donneront, indépendamment du livret qui marquera une lacune dans le travail, un certificat qui attestera à l'Administration toute la vérité. Pour celui qui aurait voyagé, le passeport et le livret suffiront comme preuve ; ils ne peuvent échapper au bien que je veux leur faire.

Sur les Impôts et Cotisations.

Parmi toutes les classes desquelles j'ai parlé, relativement aux impôts des unes et aux cotisations des autres, j'en ai oublié dont il est indispensable de parler pour le même objet, elles doivent toutes apporter leur tribut, pour payer le droit qu'elles ont d'avoir une plus grosse part de bonheur que les autres. Par exemple, il y a une classe de travailleurs qui gagne un gros salaire, laquelle se partage en plusieurs catégories qui n'ont pas le livret d'état, comme les autres classes de travailleurs à petits salaires. Les unes travaillent chez soi, les autres travaillent chez des patrons, et l'usage pour elles a été ainsi, qu'elles n'eussent pas le livret d'état.

Il y a différentes catégories de travailleurs libres qui, tout en gagnant de gros salaires, pour la plupart, ne se préparent pas plus que les ouvriers à petits salaires, une arme contre la misère à la fin de leur carrière active, et pour lesquelles une pension annuelle de 450 francs est un bonheur aussi enviable que pour les autres. C'est qu'entre 450 francs et rien, il y a un gouffre de misère ; arrivé à l'âge de soixante ans, elles pourront, comme les travailleurs à petits salaires, participer au bienfaits de cette institution.

D'abord ces différentes catégories de travailleurs à gros salaires, qui sont libres, sans le livret d'état, seront toutes néanmoins tenues d'avoir le livret qui établit les rapports de comptes entre elles et la Caisse de retraite.

Les différents états de ces catégories rapportent aux individus depuis 150,000 francs jusqu'a 6,000 francs par an. Ce dernier chiffre étant encore six fois plus gros que celui du gain des travailleurs à livret d'état. Elles ne payeront toutes cependant que 20 francs par an, pour leur cotisation, et voici pourquoi : tous

ces individus, écrivains distingués, médecins en réputation, ma-
gistrats, artistes de talent, qui gagnent de très-gros salaires, possèdent pour la plupart des propriétés ou un capital qui leur permettent de ne jamais avoir besoin de la pension de retraite don-
née aux travailleurs à petit salaire, et ils paient, en outre de leur
cotisation de 20 francs par an , tout-à-fait en faveur des autres ,
sans en rien retirer, tous les impôts immobiliers , mobiliers, et
ceux du luxe, ainsi que leur impôt fraternel des 10 centimes additionnels par franc. Voilà la raison d'équité pour laquelle ils ne
payeront que 20 francs de cotisation par an, et c'est bien assez.
Les pauvres travailleurs qui n'ont pour toute propriété que l'intelligence et les bras, avec lesquels on meurt de faim dans une société mal organisée, auront leur part de bonheur à bon marché,
avec cette combinaison d'impôts et cotisations.

Nous avons encore une autre classe qu'il ne faut point oublier,
et qu'il faut associer à cette œuvre ; elle est très-étendue et se
compose d'un nombre d'individus considérable, et n'est point la
plus malheureuse : c'est le commerce général et la fabrication de
France ; patrons et commis, fabricants ou chefs d'établissements
commerciaux de toutes natures, participeront au bonheur de tous,
en versant annuellement leur cotisation, indépendamment de leur
impôt fraternel des 10 centimes additionnels, comme les autres
classes. Cette cotisation se percevra de la même manière que celle
des ouvriers par les garçons de recette, chaque année.

Chiffre de leur cotisation.

Les commerçants et fabricants du haut commerce, petits commerçants et petits fabricants qui ont un capital de marchandises
ou matériel, et de matières de fabrication, payeront le *maximum*
comme les classes qui possèdent la propriété. Cette cotisation pour
ces catégories est fixée à 20 francs par an, comme celle des tra-

vailleurs à gros salaires, ayant de plus que les ouvriers, un capital de marchandises ou matériel et matières de fabrication, et pouvant, de même que les travailleurs à petits salaires, avoir besoin de la retraite ; la cotisation de ces dernières catégories sera perçue de la même manière que celle des autres catégories, chez soi.

Tous les commis des deux sexes, et tous les employés attachés à tous les établissements ou fabriques, verseront annuellement leur cotisation.

Cette cotisation sera fixée proportionnellement sur leurs appointements, comme celle des travailleurs à petits salaires, depuis 20 francs jusqu'à 4 francs, surtout pour les femmes, qui n'ont que de petits appointements.

Cette cotisation sera perçue, comme celle des travailleurs, chez les patrons.

Toutes ces différentes catégories dont je viens de parler seront tenues d'avoir le livret de la Caisse de retraite, comme les travailleurs à gros salaires.

Je vais, en quelques mots, faire ressortir la justice et l'équité de ces différentes cotisations inégales de chiffre, et dont l'on ne comprend pas à première vue la portée. Le riche négociant, à moins de grands malheurs, n'aura jamais besoin, à l'âge de soixante ans, d'une pension de 450 francs ; il laisse donc au profit des pauvres travailleurs toutes les cotisations qu'il verse chaque année, plus son impôt fraternel de 10 centimes additionnels.

Tous ceux qui possèdent un capital , de quelque nature qu'il soit, avec lequel ils vivent et peuvent faire des bénéfices, qui les mettent à l'abri de la misère ou de Bicêtre à l'âge de soixante ans, payent un léger impôt de 10 centimes additionnels et une faible cotisation , en faveur des pauvres travailleurs, peuvent néanmoins, à l'âge de soixante ans, par une malheureuse suite de fausses combinaisons commerciales, avoir besoin d'une misérable pension de 450 francs. Je le répète, entre 450 francs de retraite et rien, il y a la misère absolue et la mort. Eh bien! le commerçant riche qui eut dans sa vie active des sommes considérables en mains, et à qui il arriva quelquefois aussi, que de toutes ces fortunes roulantes et éparpillées, il ne lui reste plus que des regrets amers, profitera comme le travailleur des bénéfices de la Caisse de retraite. Le but fraternel de cette caisse est de tendre une main secourable au vieillard usé et sans ressources, quelle qu'ait été sa position. Tombé de bien haut dans le malheur, il n'est plus, suivant le principe de cette institution, qu'un frère malheureux. Voilà pour les riches négociants ou fabricants.

Voici maintenant pour les catégories des petits commerçants ou fabricants dont le capital représentatif de marchandises, matériel, ou matières à fabrication, qu'ils possèdent dans leur vie active, est infiniment plus modeste que le haut commerce. Ils sont encore moins sûrs que les autres de pouvoir se passer, à soixante ans, des bienfaits d'une caisse de retraite. Ainsi toutes ces différentes classes et catégories, dont le début dans la vie active est plus heureux que celui des travailleurs, qui n'ont que leurs bras pour capital, et qui jouissent également des bénéfices de la retraite, si elles n'avaient pas le bonheur d'amasser un capital avec les bénéfices du commerce, viennent, aussi bien pour elles que pour les travailleurs, verser leur impôt fraternel et leur cotisation. Voilà donc une raison de solidarité qui embrasse et lie toutes les classes de commerçants et de travailleurs.

Je crois avoir donné assez de raisons pour faire ressortir toute la justice de ces différentes combinaisons d'impôt et cotisations.

Des rentiers et capitalistes.

Les rentiers et capitalistes qui ont leur avoir dans l'ombre, n'échapperont pas plus que les autres classes qui ont leur avoir en propriétés au soleil, visibles à l'œil perçant de l'impôt ; ils paieront, indépendamment de lenr impôt fraternel de 10 centimes additionnels détaché de leur impôt locatif, le maximum de la cotisation, et ils rentreront dans les catégories des travailleurs à gros salaires. Ils auront comme eux le livret de la caisse de retraite, comme toutes ces classes et catégories, rentiers et capitalistes, travailleurs à gros salaires , si riches qu'ils soient, n'importe la position qu'ils aient dans la société, verseront ou feront verser leur cotisa tion, chaque année, aux bureaux établis, et qui fonctionncront régulièrement, à cet effet, deux mois par an dans les mairies.

Des domestiques (hommes et femmes).

Cette classe paiera le maximum de la cotisation et la moitié en plus par an ; en voici les raisons : elle ne paie point d'impôt locatif ; elle se trouve de plus dans des conditions, par état, à pouvoir mettre en réserve, avant l'âge où les travailleurs ont droit à la retraite, une arme contre la misère ; elle est bien plus heureuse que les travailleurs ; il est juste qu'elle paie un peu plus qu'eux, pouvant de même avoir besoin de la pension de retraite. Voilà pour les hommes. — Les femmes ne verseront que le maximum simple. Cette classe versera chaque année, aux bureaux établis dans les mairies, 56 fr. les hommes et 20 fr. les femmes, pour avoir à soixante ans une pension de retraite libre de 550 et 450 fr., s'ils n'ont pas amassé une petite rente.

Maintenant, nous avons une petite classe d'hommes de laquelle nous allons nous occuper, qui mérite toute notre sollicitude. Elle est en dehors des autres, comme position, sur l'échelle sociale, et fait exception dans l'ordre de l'organisation qui régit les autres classes. L'organisation et les moyens de bonheur qu'on doit lui donner, lui seront administrés d'une manière toute particulière.

Ces hommes desquels je veux parler, sont doublement malheureux en ce monde, surtout ceux des campagnes que l'on rencontre dans nos provinces de cette incomparable France, au dire de beaucoup, oui incomparable! mais pour les contre-sens exagérés de bien et de mal, de vices et de vertus, d'égoïsme et de générosité. Je veux parler de ces malheureuses créatures qui naissent sans fortune, et qui, pour combler la mesure de leur misère, sont mutilées, en naissant, de la manière la plus cruelle, au point qu'elles paraissent, aux yeux des voyageurs, non pas marcher, mais plutôt ramper avec d'affreuses contorsions, comme de vils animaux, en tournant autour d'eux pour leur demander une aumône. En les voyant, on est pénétré d'une triste et douloureuse pitié pour tant de malheur ; il y en a parmi eux qui sont estropiés d'une si horrible façon, qu'il faut les examiner très scrupuleusement pour découvrir dans ces êtres une forme humaine. En sont-ils moins des hommes pour cela? Eh bien! si la société éprouve au cœur quelque sensibilité pénible, elle peut, comme une fée bienfaisante, d'un coup de baguette, changer un sort aussi affreux que le leur, et même les utiliser de manière à ce qu'ils puissent, en partie, indemniser la société du bonheur relatif qu'elle leur aurait donné. Je crois que la mesure de leur malheur est si comble, que le trop plein se déverse sur la société, au point qu'elle doit en souffrir. Voilà une raison pour changer leur sort au lieu de les oublier comme on a fait jusqu'à cette heure. Ces hommes qui sont invalides de naissance, auront une maison de retraite pour ca-

cher ces hideuses infirmités qu'ils étalent aux yeux des popula-
tions.

Cet établissement de retraite duquel je parle, serait spécial et
approprié aux exigences de leur nature physique et morale. Il
pourrait être construit au milieu de la France, dans la Touraine,
par exemple. Ceux de ces hommes sur lesquels le hasard de la
nature n'aurait pas sévi avec trop de rigueur, et auxquels il res—
terait les yeux, une parcelle d'intelligence, un ou deux bras, auraient des ateliers où ils pourraient travailler. Cet établissement
serait aussi complet que possible dans ses moyens organiques,
pour le soulagement à donner aux différents genres d'infirmités,
soit morales, soit physiques, enfin pour tous les besoins de leur nature. Il y aurait dans cet établissement une chapelle, une école,
dans laquelle ils recevraient une instruction proportionnée à leur
intelligence ; des ateliers où ils apprendraient différents états, ceux
qui conviendraient et pourraient être exercés par ceux de ces
malheureux dont le genre de mutilation ou infirmité ne serait
point pour cela un obstacle. Je tiendrais à ce que des prêtres di-
rigeassent cette maison ; ces hommes pour lesquels la nature a
été si cruelle, ne peuvent, pour cette raison, aspirer à aucun
emploi public, et la porte des grandes ambitions leur est fermée.
On ne doit pas craindre pour eux une funeste influence morale,
comme le disent quelques hommes, de la part du clergé. Le clergé
aurait là une mission toute religieuse, en aidant ces pauvres
créatures à supporter avec résignation leur triste passage sur
terre de la vie à la mort; là, dans une maison de ce genre, le
clergé serait dans son centre d'harmonie.

*De l'ancienne retraite des militaires et marins, jusqu'au
grade de sous-officier.*

Ces classes reçoivent du gouvernement des retraites si insuffi-
santes pour vivre, même misérablement, qu'elles sont obligées,
pour remplir le vide dans l'insuffisance de la retraite que l'Etat
leur paie, de se plier à l'exigence de différents petits travaux
qui vont jusqu'à être humiliants pour elles. Je voudrais relever
l'homme dans le soldat comme dans le travailleur, en lui ten-
dant la main pour le sortir de la sphère souillée de boue et de
misère dans laquelle la société égoïste le tient sous le poids d'un
dispotisme écrasant, et l'amener à sa vraie hauteur, que Dieu ,
après la sienne, unique et incommensurable, n'a pas limitée, et
à laquelle il appelle tous les hommes, sans distinction, en leur
donnant les moyens de l'atteindre.

Les militaires et les marins recevront le livret du bureau spécial faisant partie de l'administration générale de la caisse de retraite, comme toutes les classes de travailleurs. Ces livrets leur
seront envoyés dans chaque régiment et leur seront délivrés par
le sergent—major ou maréchal—des-logis-chef.

De l'administration générale de la caisse de retraite.

Cette administration servira le militaire comme le civil, et
n'aura aucun caractère particulier. D'abord, le militaire, qui
rentre, après trente années de service, dans le repos comme invalide, n'est plus militaire. Tous les citoyens, civils ou militaires,
à la fin d'une carrière active, rentrant dans le repos, sont égaux :
ils ne sont ni militaires, ni civils, ils sont invalides. Ils doivent
n'avoir de leur état ou de leur position passée que le souvenir, et

repousser ces signes extérieurs, ces priviléges, ces costumes, qui séparent les classes entre elles et font entrer dans les cœurs le poison de la jalousie. Cette administration ne relèvera d'aucun ministère et sera spéciale pour cette institution. Il ne faudrait pas que le ministère de la guerre, le ministère de la marine, celui de l'intérieur, eussent à intervenir ou à se mêler en quoi que ce soit des intérêts des classes qui ne sont plus dans leurs attributions, et qu'une fois invalides, qu'ils fussent soldats ou travailleurs, sortent des cadres qui sont dans les mains du pouvoir administratif, elle devra être séparée de toutes les autres. Elle est assez importante sous tous les rapports, particulièrement comme complication du travail administratif, pour qu'on l'entoure de la considération et de la dignité qu'elle mérite. Je crois avoir fait assez comprendre qu'il serait indispensable que toutes les classes d'invalides à pensionner, soit civils, soit militaires, fussent administrées par les mêmes mains.

De la cotisation des soldats et marins, jusqu'aux sous-officiers.

Cette cotisation peut être partagée en trois catégories : le sous-officier, 6 fr., le caporal, 5 fr., et le soldat, 4 fr. Il y aura un bureau spécial dans l'administration générale de la caisse de retraite pour l'armée, lequel sera en communication directe avec tous les régiments.

Les maréchaux-des-logis-chefs ou sergents-majors, percevront, par des retenues légères et proportionnelles à chaque paie, la cotisation de leur escadron ou compagnie, et verseront au capitaine-trésorier la somme totale de chaque retenue à chaque paie. Le trésorier, au moment de l'appel fait par la caisse de retraite générale, devra avoir la somme complète des cotisations des sous-officiers et soldats de son régiment, et verser à la caisse générale la somme totale.

Tout soldat qui n'attendra pas sa retraite dans le service, aura, à sa sortie du régiment, son compte reporté à l'état civil de la caisse de retraite, et jouira des mêmes droits à la retraite libre et aux secours dans ses maladies, puisque de soldat, par son congé, devient travailleur, et paie sa cotisation fixé d'après la profession dans laquelle il entrerait une fois libre du service militaire.

Chaque corps d'officiers des régiments de l'armée, ainsi que le corps d'état-major ou bien ceux des différents ministères, ainsi que les employés de tous grades des administrations de l'Etat, qui sont, après trente ans de service, retraités par lui, verseront leur cotisation annuelle, laquelle sera proportionnelle à leurs appointements.

Cette cotisation des officiers et des employés sera fixée à 50 centimes par 100 fr. par an, sur tous les appointements et à tous les degrés. Ainsi, un officier ou un employé, dont les appointements sont chacun de 1,200 fr., paieront une cotisation, par an, de 6 fr.; mais aussi ceux dont le traitement est de 6,000 fr., paieront 36 fr. Ce chiffre, comme l'autre, n'est rien relativement. La perception de la cotisation du corps des officiers se fera par le capitaine-trésorier de chaque régiment.

Pour la marine, l'on suivra le même mode de perception pour la cotisation des officiers et marins.

Sur la cotisation des officiers en faveur des soldats.

Je crois que tous les corps d'officiers de l'armée feront de bien bon cœur le don de leur cotisation en faveur des simples soldats; c'est être humain à bon marché. Je souhaite très ardemment que l'on voie dans la cotisation des officiers en faveur des soldats, en même temps qu'un bonheur matériel pour ces derniers, un bien moral pour les premiers et même pour tous. N'est-ce point une sorte de dédommagement offert par les officiers à leurs pauvres soldats qu'ils commandent quelquefois très durement? Ils font exécuter la discipline souvent d'une manière inhumaine contre le pauvre frère, dans le soldat qui leur est livré par le sort et le devoir militaire, pieds et poings liés, dont la différence avec son maître n'est que dans l'habit, et dont le cœur est le même. L'officier et le soldat sentent parfaitement, en temps de guerre, leur solidarité. N'arrive-t-il pas, dans la mêlée, des actes sublimes de dévouement réciproque entre les soldats et les officiers!

Des Caisses de secours.

Ces caisses dépendront de la Caisse générale de retraite; elles seront établies dans chaque Mairie de tous les départements. J'obtiens pour la plupart des travailleurs, une économie de 2 francs par mois, qu'ils payent à leur société pour avoir, dans les maladies dont ils sont souvent les victimes pendant leur vie active, des secours moins bien distribués que ceux qu'ils recevront des caisses établies dans les Mairies, pour lesquels ils ne payeront que leur cotisation annuelle pour leur retraite.

Organisation de ces caisses.

Il sera attaché à ces caisses de secours, dans chaque Mairie, des médecins, un pharmacien, des sœurs de charité. Les travailleurs malades recevront 1 fr. 50 cent. par jour tout le temps de leur maladie, et pendant leur convalescence, jusqu'à ce que le médecin qui les aurait soignés décide que leurs forces leur permettent de retourner au travail. Voici ce qu'ils auraient, sans payer davantage que leur cotisation.

J'introduis des sœurs de charité dans ces caisses de secours, comme étant les meilleures ouvrières qu'on puisse prendre pour ce triste ouvrage, surtout quand on n'a pas à demander les soins d'une mère, d'une épouse, d'une fille ou bien d'une sœur. Ces femmes de l'Évangile sont détachées de tout sentiment d'intérêt personnel ; en prodiguant des soins qu'elles savent seules donner à leurs malades, elles n'éprouvent aucune répugnance pour les maux physiques, quels qu'il soient, de l'homme qu'elles soignent ; elles ne voient dans le malade qui leur est confié, qu'un frère qui souffre.

Cette caisse ne distribuera ses secours qu'aux travailleurs porteurs du double livret.

Comme nous l'avons dit au commencement de la partie organique, il restera chaque année, après les deux semestres payés aux pensionnaires, une somme de 70 millions ; 35 millions suffiront pour alimenter les caisses de secours établies dans tous les départements de France.

Il ne peut y avoir plus de 225 mille cas de maladie par an, et 25 mille cas de circonstances variées de misères extrêmes, soit par le manque d'ouvrage, ou autres que l'on ne peut prévoir, où la caisse de secours viendrait en aide aux travailleurs.

Il est bien entendu que les travailleurs établis, travaillant chez soi, n'ayant pas le double livret, n'auront pas droit aux secours ; je veux parler principalement des travailleurs à gros salaires. Cette caisse sera établie en faveur de ces catégories de travailleurs dont le salaire n'excède pas 6 francs par jour.

Il reste 35 millions ; sur ces 35 millions, nous en prenons 25 pour les frais généraux de l'Administration dans toute la France. Il en reste encore 10 ; nous garderons ces 10 millions comme fonds cumulatif pour les éventualités, soit pour l'amélioration des constructions ou autres du même genre servant à la retraite des invalides qui préféreraient vivre en communauté.

Pour quant à l'alimentation de ces hôtels, il est facile d'en comprendre le mécanisme ; sur 800 mille invalides pensionnés, s'il y en a 100 mille, chiffre auquel je ne crois pas, qui seront répartis dans tous les hôtels de France, ces 100 mille invalides laisseront leur 400 francs de pension l'une dans l'autre, pour doter le lieu de leur retraite.

Chaque invalide aura chaque année 50 francs pour ses petites dépenses.

Aucun invalide ne pourra exercer un métier salarié. Ils ne pourront avoir aucun chez soi autre que celui de l'Hôtel, sous les peines les plus sévères.

L'on doit bien voir dans cette institution, que je voudrais fonder au prix d'une partie de ma vie, une liaison de bien qui compléterait la vie des travailleurs ; c'est le point d'où partiraient les idées socialistes : c'est le premier remède à appliquer à la plaie sociale. Ce moyen aurait pour but de suivre pas à pas les travailleurs jusqu'à leur mort, et de les soutenir dans tous les périls dans lesquels la misère et l'immoralité les poussent invinciblement, triste et funeste résultat de l'abandon dans lequel cette société sotte et égoïste les laisse. La conséquence de ce bonheur versé aux travailleurs serait très profitable à la société entière.

Cette double institution de caisse de secours et de retraite libre, comme je les présente, sans diviser les moyens d'action, ce qui pourrait annuler les moyens d'action qui en découleraient, serait l'asurance de la paix intérieure de l'état, et la consolidation perpétuelle et héréditaire d'un gouvernement juste, quel qu'il soit. Il faut bien le dire : les travailleurs ayant leur vie complète, ne descendront jamais dans la rue avec des armes fratricides aux mains pour défendre des intérêts et des droits acquis, puisqu'ils auraient leur part de bonheur relatif et la liberté sans licence. Que demandraient-ils? Rien. — Et quand des ambitieux viendraient soulever les flots de la colère des travailleurs contre un gouvernement pour faire faire une révolution à leur profit, les travailleurs heureux pourraient leur répondre : « Faites votre révolution vous-mêmes, vous travaillerez pour vous. Combattez à la plume, ce combat ne sera pas meurtrier et il en coulera plus d'encre que de sang. » Les progrès sociaux alors n'en continueront pas moins à travers les siècles leur marche ascendante pour ['avenir meilleur des générations futures, et se montreront à elles purs du sang des peuples qu'ils auront traversés ; il ne faut pas de révolutions baignées dans le sang pour les progrès du bonheur social ; car ces progrès présentés aux peuples tout dégoûtants de leur sang, ne sont point fait pour exciter leur enthousiasme.